구운 물고기 한 토막

구운 물고기 한 토막
성경말씀 한 구절 묵상(사순·부활시기 미사강론집)

2024년 9월 5일 교회인가
2024년 9월 30일 초판 1쇄 발행

지은이 서광호
펴낸이 오택민
펴낸곳 들숨날숨
등 록 2000년 1월 14일 제2000-5호
주 소 39889 경북 칠곡군 왜관읍 관문로 61
　　　　　전화 054-970-2400 팩스 054-971-0179
　　　　　04606 서울 중구 장충단로 188 분도빌딩 102호
　　　　　전화 02-2266-3605 팩스 02-2271-3605
만든곳 (재)왜관성베네딕도수도원 분도인쇄소

http://www.bundobook.co.kr

ⓒ 서광호, 2024
성경 ⓒ 200주년 신약성서, 분도출판사, 2024.

ISBN 979-11-93771-02-0　03230
정가 18,000원

들숨날숨은 분도출판사·분도인쇄소의 출판브랜드입니다.
이 책은 저작권법에 따라 보호받는 저작물이므로 무단 전재와 무단 복제를 금지하며, 이 책 내용의 전부 또는 일부를 인용하려면 반드시 저작권자와 출판사의 서면 동의를 받아야 합니다.

사순·부활시기 미사강론집

성경말씀 한 구절 묵상

구운 물고기 한 토막

서광호 지음

추천의 글

　서광호 베네딕도 신부님의 강론집 출간을 진심으로 축하드리며, 주님의 은총과 사랑이 가득함을 봅니다. 신부님은 '순심교육재단'을 위해 일하시는 와중에도 매일 수녀님들을 위해 미사를 봉헌하시며, 매일의 말씀에서 우러난 깊은 묵상을 전해주셨습니다. 그리고 이 말씀들을 엮어 강론집을 출간하게 된 것을 진심으로 기쁘게 생각합니다.

　서 베네딕도 신부님은 성령의 인도로 수녀님들과 동행하시며, 그분들의 영적 삶에 선선한 단비와 같은 말씀을 전해주었습니다. 특히 '스콜라스티카 집'에서의 경험과 수녀님들의 경청하는 자세는 신부님의 강론에 새로운 영감을 불어넣었을 것입니다. 그 결과, 우리 모두가 복음의 한 구절마다 새로운 깨달음을 얻을 수 있게 되었습니다.

이번 강론집은 단순한 말씀의 모음이 아니라, 하느님과의 깊은 대화와 창작의 기쁨이 담긴 소중한 기록입니다. 신부님이 말씀하신 것처럼, '우리의 삶은 하늘에 적힐 특별한 이름이며, 그분께서는 우리의 '미완성'조차도 소중히 여기십니다.' 이 강론집을 통해 많은 분들이 자신의 영적 여정을 돌아보고 하느님과의 관계를 더욱 깊게 할 수 있기를 바랍니다.

또한, 이번 출간이 '툿쩡 포교 베네딕도 수녀회' 한국 진출 100주년을 맞이하는 수녀님들의 영적 준비에 큰 도움이 되기를 희망합니다. 수녀님들과 함께하며 그분들의 사랑 속에서 준비된 강론이 새로운 결실로 우리에게 다가오고 있음을 봅니다.

서 베네딕도 신부님의 강론집 출간을 수녀님들과 함께 축하드리며, 이 책이 많은 이들에게 주님의 목소리를 새로운 언어로 체험하는 은총의 통로가 되기를 기도합니다.

2024년 결실의 계절에
성 베네딕도회 왜관 수도원
수도원장 박현동 블라시오 아빠스

책을 펴내며

주님께서는 당신의 삶에 그 어떤 기록도 남기지 않으셨지만, 하느님의 위대한 섭리는 곳곳에 그 흔적들을 퍼뜨리셨습니다.

성령의 바람 같은 움직임이 그 모든 사료를 모아 한 곳에 엮기까지 대단히 많은 이들도 그 바람에 함께 춤추었습니다. 저의 옅은 믿음의 바람이 기쁨의 복음을 어떻게 이해했는지 보여주는 짧은 단막극이 곧 펼쳐질 예정입니다. 새로울 것도 없습니다. 훌륭한 선배들이 이끌어준, 그리고 우리의 어머니 교회가 이끌어준 수유授乳의 흔적이기 때문입니다. 다만, 이 강론들을 통해 모든 신앙인의 모태를 생각해보고, 태중에 있을 때 선택받은 예언자들이었음을 기억하면 좋겠습니다. 그게 전부입니다.

수도修道 여정 가운데 강론이라는 것이, 누군가의 말대로 '거룩함을 발생'시키지 못하면 그 무엇으로 의미를 찾을 수 없는 헛소리가 될 뿐입니다.

거룩함을 알아봄은 내면의 정화가 절대적으로 필요합니다. 우리가 무언가를 사유하고 느끼면서, 기억하고 기록한다는 것은 어쩌면 하느님께서 이 세상을 지으신 '창세 때 그 보기 좋음'의 흐뭇함을 우리도 함께 공유하길 원하시는 '창작의 기쁨'이라는 선물이 아닐까 합니다. 그러한 의미에서 써 내려간 이 묵상들은 제가 지난 2024년 2월에 사수동 '스콜라스티카의 집'으로 인사발령이 나면서부터 본격적으로 시작되었습니다. 황혼의 나이에 모여 계신 수녀님들과 동행하고자 했더니, 그 어떤 것도 준비하지 않고는 못 배길 정도로 저를 밀어붙이신 성령께서 도움을 주셨다고 생각합니다. 몸은 불편하지만, 아직 영적 싸움을 이어가고 계신 수녀님들과의 생활에 선선한 단비가 되어 주길 희망했더니 주어진 은총이었습니다. 그것을 나누고자 합니다. 우리 수녀님들이 지나온 세월 동안 쌓은 지식과 야무지게 다져진 신학적 사유에 슬그머니 끼어들어 불편하실까 걱정했는데, 이분들이 지닌 경청의 자세는 그야말로 놀랍습니다. 덕분에 매일의 강론에도 색다른 영감이 주어지고 때론 수녀님들의 생활 단면을 무단(?)으로 인용하면서 익숙했던 복음의 한 구절마다 새로움을 발견할 수 있었습니다.

우리 각자는 또 다른 의미에서의 '성경'을 엮어가고 있습니다.

믿는 이들에게 삶의 시간 전부가 그분과의 대화이기 때문입니다. 이러한 그리스도교 신자의 독특한 신분을 늘 기억하시면 좋겠습니다. '하늘에 적힐 우리의 이름(삶)'을 두고 더 기뻐할 수 있다면 좋겠습니다. 그렇게 조금씩 완성해 가고 있길 기도합니다. '미완성' 같은 삶도 그분께는 소중합니다. 사람의 눈이 아니라 하느님께서 읽어보시고 판단하실 특별한 기록들이기 때문이겠죠. 예수님께서 부활 후 제자들을 위해 마련하신 그 '구운 물고기 한 토막'처럼, 매일 아침 건강한 식단을 챙겨 영적 살을 찌우시기 바랍니다. 쇠진한 기력을 채우시며 하느님과의 대화를 이어나가시길 바랍니다.

저의 수도 여정에 다시 없을 이와 같은 강론집을 엮을 수 있도록 초대해 주신 '스콜라스티카의 집' 모든 수녀님들께 진심으로 감사합니다. 툿찡 포교 베네딕도 수녀회 한국 진출 100주년을 맞이하기 위한 이분들의 영적 준비에 조금이나마 도움이 되었으면 합니다. 관심 있게 돌봐 주신 왜관 수도원의 박 블라시오 아빠스님과 사수동 수녀원의 이 베타니아 원장 수녀

그리고 들숨날숨 출판사 모든 관계자에게 감사의 인사와 축복의 기도를 봉헌합니다. 여러분도 매일의 미사를 통해 주님의 목소리를 새로운 언어로 몸소 만끽하는 은총이 주어지길 기도합니다.

이 모든 것은 언제나 그리스도께 드리는 영광을 위하여….

2024년 무더운 어느 날
서 베네딕도 신부

목 차

추천의 글 ·· 04
책을 펴내며 ·· 06

사순 시기 ··· 15
내가 이 반석 위에 내 교회를 세울 터인즉 ················· 16
마지막 한 닢까지 다 갚기 전에는 ······························· 18
하늘에 계신 아버지께서 완전하신 것같이 ················· 20
그들 앞에서 모습이 변하셨다 ······································ 23
용서하시오. 용서받을 것입니다 ··································· 26
그 가난한 이가 죽자 ·· 29
제때에 소출을 바칠 다른 농부들에게 ························· 31
즐기고 기뻐해야 한다 ·· 33
당신 집에 대한 열정이 ·· 35
그들 한가운데를 가로질러 떠나가셨다 ······················· 40
제발 사정을 봐주십시오 ·· 43
폐지하러 온 것이 아니라 완성하러 왔습니다 ··········· 46
어느 나라든지 서로 갈라서면 ······································ 49
이보다 더 큰 계명은 없습니다 ···································· 51
하느님! 이 죄인에게 자비를 베푸소서 ······················· 54
모세가 광야에서 뱀을 들어 올린 것처럼 ··················· 56
돌아가시오. 아들은 살 것입니다 ································· 59
낫고 싶습니까? ·· 62
내 아버지께서 일하고 계시니 ······································ 65

모세를 믿었더라면 나를 믿을 것입니다 **68**
악인들은 옳지 못한 생각으로 **71**
먼저 돌을 던지시오 **80**
요셉은 주님의 천사가 명령한 대로 하였다 **84**
진리가 여러분을 자유롭게 할 것입니다 **86**
들어라. 아들아! **88**
당신네 율법에 '내가 너희를 신이라 하였다' **93**
아버지, 저들을 용서하소서 **95**
인자는 자신에 관해 쓰여 있는 대로 떠나갑니다 **100**
그대가 말했구려 **103**
내가 하는 일을 지금은 그대가 모르지만 **105**
칼을 칼집에 꽂으시오 **111**

부활 시기 **117**

무덤을 막았던 돌이 치워져 있었다 **122**
평안하냐? **125**
부인, 왜 울고 있습니까? **127**
구운 물고기 한 토막 **129**
주님이시오! **132**
온 세상에 가서 모든 이에게 복음을 선포하시오 **135**
나의 주님, 나의 하느님! **137**
보십시오. 주님의 종입니다 **141**
위로부터 새로 나야 한다고 말했다고 해서 놀라지 마시오 **144**
하느님께서 보내신 이는 하느님의 말씀을 이야기합니다 **147**
버리는 것이 없도록 남은 조각을 모아들이시오 **150**
나요, 겁내지 마시오 **153**

그대들은 이 일의 증인입니다	156
썩어 없어질 음식을 얻으려고 힘쓰지 말고	160
주님 예수님, 제 영을 받으소서	162
나는 생명의 빵입니다	165
내가 주는 빵은 세상의 생명을 위해 주는 내 살입니다	167
내 살은 참된 음식이요 내 피는 참된 음료입니다	172
아버지로부터 주어지지 않으면	175
나는 내 양들을 알고 내 양들도 나를 압니다	178
내가 온 것은 양들이 생명을 얻고	184
나와 아버지는 하나입니다	186
나는 빛으로서 세상에 왔습니다	188
온 세상에 모든 피조물에게 복음을 선포하시오	191
나는 길이요 진리요 생명입니다	194
너희가 내 이름으로 청하면	197
나는 포도나무요 그대들은 가지입니다	199
협조자, 성령께서 모든 것을 가르쳐 줄 것이다	203
이 세상 두목이 오고 있습니다	205
내 아버지는 농부이십니다	208
너희도 내 계명을 지키면	211
나를 믿는 사람은 내가 하는 일들을 할 것이다	214
종은 주인보다 높지 않다	217
서로 사랑하시오	219
진리의 영이 오시면	225
어디로 가십니까?	228
그대들의 슬픔은 기쁨으로 바뀔 것입니다	231
나는 아버지를 떠나 세상에 있다가	234
하늘에 올라 하느님 오른편에 앉으셨다	237

내가 세상을 이겼습니다 ····· **243**
모든 사람의 마음을 아시는 주님 ····· **246**
제가 세상에 속하지 않은 것처럼 ····· **249**
시몬, 나를 사랑합니까? ····· **252**
이 사람이 이런 일들을 증언하고 ····· **255**
또 기록한 바로 그 제자이다 ····· **255**
성령을 받으시오 ····· **258**

사순 시기

성 베드로 사도좌 축일

"내가 이 반석 위에 내 교회를 세울 터인즉,
저승의 세력도 그것을 이기지 못할 것이다."

(마태 16,18)

    순명은 삶의 자리를 변화시키고, 변화는 새로운 만남을 가져옵니다. 오고 가는 모든 발자취 속에 주님 은총이 반짝거림을 발견할 수 있다면, 그 사람의 눈은 정말 맑다고 할 수 있겠습니다. 그저 겉보기에 육신의 약함으로 퀭한 눈이라 할지라도, 주님 보시기에 정말 반짝이는 맑은 눈은 바로 그런 은총을 발견하고, 또 발견하려는 믿음의 눈이 아닐까 합니다.

    수도생활 연배로 따지자면, 수도원에서 막내 그룹이라 생각했는데 어느덧 저도 서원한지 15년이 다 되어 가고 있었습니다. 그동안 선배 수도자들로부터 배운 인생 공부, 후배 수도자들로부터 얻은 사랑의 방법, 존경하는 장상으로부터 느낀 그 배려심을 밑천 삼아 감히 수녀님들과 어르신들을 만나 뵙게 되었습니다. 여러 소임을 거치면서 많은 분을 만났고 또 만나고 있는데, 이곳에 저와 연이 닿게 된 모든 분은 진심으로

성 베드로 사도좌 축일

주님의 은총과 평화 가운데 계시길 기도합니다. 그 은총과 평화가 저로 인해 방해받지 않도록 기도합니다. 제 나약함을 딛고 최선을 다해 이곳 지도신부라는 임명에 걸맞도록 기도를 청합니다.

오늘 베드로 사도좌 축일에 주님께서 말씀하셨듯이, 남들이 정의하는 주님이 아니라 제가 만나고 느낀 진정 살아계신 하느님을 여기 계신 모든 분에게 전하고 싶습니다. 그렇게 각자 늘 새로움으로 다가오시는 하느님과 만날 수 있도록 동행하겠습니다. 인생에 '황혼기'에서, 그동안 삶의 모든 것을 묵묵히 받아들이고 사신 이곳 모든 분을 진심으로 존경합니다. 믿음의 맑은 눈으로 보면, 지금 순간이 삶에 있어 가장 찬란하고 아름다운 여정임을 발견하실 수 있을 겁니다. 베드로 사도가 고백했듯이 주님께서는 '저승의 세력도 어쩌지 못할 진정 살아계신 하느님의 아들 그리스도'이시기 때문입니다.

수녀님들과 어르신 모두, 영적으로 달려가는 모든 길에 함께 할 수 있어 기쁘고 행복합니다. 앞으로 잘 부탁드리고, 저를 위해 기도해 주시길 진심으로 청합니다. 저 또한 함께 기도하겠습니다.

> "마지막 한 닢까지 다 갚기 전에는
> 결코 나오지 못할 것입니다."
>
> (마태 5,26)

 용서와 화해를 위해 넘어야 할 제일 큰 산은 자기 자신이 아닐까 합니다. 살아오면서 옳다고 생각한 가치와 방향을, 한 사람, 한 영혼을 얻기 위해 때로는 통째로 무너뜨리고 다가가야 할 용기를 요구하기 때문입니다. 시시비비를 가리자니 애매한데, 어찌 되었든 나에게 악감정을 가지고 있는 사람을 보면 누구나 불편합니다. 그렇기 때문에 서로를 인정하는 겸손과, '틀리다'와 '다르다'를 구분할 줄 아는 지혜가 모든 관계의 윤활유 역할을 할 것입니다.

 오늘 복음에서 예수님께서는 내 잘못이 확실하다면 지체 없이 사과하고 두 번의 실수를 저지르지 않는 각오와 결심을 보여주는 것에 재빠를 것을 당부하십니다. 다른 이가 나를 원망하고 있다는 게 확실해 보이고, 심지어 고소하듯이 누군가에게 털어놓지 않고는 속이 안 풀릴 정도로 나에 대한 실망

감과 분노를 드러내고 있다면, 자아 성찰만이 답을 끌어낼 수 있습니다. 입장을 바꿔보는 것. 옳고 그름의 기준을 떠나 무엇이 서로 달랐는지 살펴보는 성찰의 시간은 분명 우리 모두를 자비로 이끌어주는 은총의 변화 시간이 될 것입니다. 옳은 방향에서 서로 의견이 충돌할 수 있습니다만, 신앙 안에 분명한 사실은 야고보 사도께서 말씀하셨듯이 타인의 다름을 인정하며 다가가는 그 '자비로움이' 모든 심판과 정의를 넘어선다는 것입니다.

오늘 독서에서도, 우리는 하느님께서 당신과 우리 사이에 '입장 바꿈'을 생각하도록 안내하십니다. 나에게 무엇이 불만이냐, 내가 잘못한 것이냐, 너희가 공평하지 않은 것이냐. 그래도 결국 우리의 약함을 감싸 안아, 머리를 돌려 하느님께 회두하는 사람을 살려주시겠다는 그 말씀에서 우리는 곧 '희망'을 얻습니다. 그러니 지금까지 하느님으로부터 받은 큰 은총과 자비를 내 곁에 있는, 나와 너무 다르지만, 하느님 아버지께서 사랑하시는 형제자매들에게 어떻게 갚아나갈 수 있을지 깊이 성찰하도록 노력합시다.
그러면 오늘 예수님께서 말씀하신 화해와 타협이 가능하고 내가 진 빚을 청산할 수 있는 은총이 주어질 것입니다.

사순 제1주간 토요일

"하늘에 계신 아버지께서 완전하신 것같이
여러분도 완전해야 합니다."

(마태 5,48)

　복음은 역설입니다. 성경을 통해 하느님께서 활동하시는 그 위대한 현존은 모든 불가능에서 가능으로 넘어가는 하나의 길로 제시되었습니다. 몇 가지만 대표적으로 보자면, 구약에서 불신과 의심의 예언자 요나는 회심의 아이콘이 되었습니다. 신약으로 넘어와, 사회적으로 보아도 보잘것없던 12사도들이 지금 전 세계 가톨릭교회를 지탱하는 기둥으로 세워졌고, 사도 바오로는 한때 자신이 철저하게 박해했던 가르침을 열렬히 전한 이방인들의 사도로 뽑혀 지상에서의 사명을 다했습니다. 무엇보다 복음에서, 주님께서는 십자가의 죽음과 절망을 생명과 희망으로 변화시키신 위대한 역설을 보여주셨습니다. 작은 믿음이라도 진심으로 하느님께 돌아선 이들이 세상눈에 불가능해 보이는 것들을 비로소 가능하게 만든 하느님의 역설적 도구로 쓰였음을 기억했으면 합니다.

오늘 복음 말씀은 우리의 인간적인 눈으로 보면 불가능한 것들의 나라 곧 '하느님 나라'의 기본 규칙과 같은 것입니다. 인간관계에 있어 불편한 관계 형성도 삶의 일부이듯이 '원수'라고 정의 내릴만한 사람은 언제 어디서고 등장하기 마련입니다. 피하는 것이 상책일지 몰라도 때로는 나 자신의 위치를 가늠해볼 수 있는 척도이자 거울이 되기도 합니다.

괜스레 나의 죄책감을 건드리는 형제자매를 두고 쉬이 판단과 단죄, 처벌을 동시에 내리기도 합니다만, 이는 우리가 있어야 할 자리를 매번 잊어버리기 때문이 아닐까 합니다. 우리의 자리는 인간의 자리여야 합니다. 결코, 하느님께서 계셔야 할 제일 깊고, 높고, 넓은 그 자리에 우리 자신을 우상처럼 세워두어서는 안 되겠습니다. 그럼에도 끊임없이 자신을 높이려는 마음과 행동거지가 우리 믿음 안에 놓인 하느님의 자리를 계속 차지하려 탐내고 있는 것은 아닌지, 소위 '내 원수 같은 사람들'을 통해 점검해 볼 수 있기 때문입니다.

부당한 취급에 복수하지 않는 바보 취급과 용서 자체를 조롱하며 '적자생존의 법칙'만이 지배하는 세상 안에서, 하느님의 자비, 그 완전함을 닮아 살아가려는 실천이란 결코, 쉽지 않습니다. 그럼에도 불구하고 그것을 실천하려는 노력이 바로 하느님의 강하심을 드러낼 것입니다.

사순 제1주간 토요일

오늘 복음에서 말씀하신, 만인에 대한 보편적 사랑을 그저 관계의 원활함이나 세속적 성공을 위한 조건으로 여기지 말고 하느님 나라를 지상에서부터 맛보기 위한 초대이자, 현재 자기의 영적 위치를 비추는 거울로 비춰보시기 바랍니다. 그러면 나와 정말 원수 같던 사람들 모두가, 소중한 선물처럼 다시 보이지 않을까 합니다.

그들 앞에서 모습이 변하셨다.
(마르 9,2)

오늘 예수님의 변모 사화는, 단순히 당신 신성의 일부를 눈에 보이게 드러낸 것을 넘어 두 번째 인간 창조를 미리 보여 주신 사건이라 할 수 있습니다. 동시에 원죄로 추락한 인성을 도무지 범접할 수 없는 하느님의 거룩함 안에 받아들인 기적이자 우리 믿음의 결과를 보여주는 계시입니다.

주님의 이 변모로 말미암아 우리 나약한 본성이 그분이 지닌 모든 것에 참여할 약속을 얻었고, 죄와 죽음이 휘두르는 횡포에서 선과 생명이 반드시 승리한다는 희망을 품게 되었습니다. 명백한 사실은 우리가 스스로 빛날 수 없다는 점입니다. 때문에 아우구스티노 성인은 교회 안에서 믿음으로 일치한 이들이야말로 비로소 묵시록의 말씀처럼, '태양이나 달이 비칠 필요가 없을 만큼' 하느님과 일치한다는 교회론적 신화 神化에 대해 가르쳤습니다.

그러니 이제 우리가 해야 할 바, 주님과 올라갔던 산을 내려와 낮은 곳에서 눈물 흘리고 있는 이들에게 다가가는 것. 주님이 보여주신 변모를 가슴에 품고 삶의 노고와 땀 흘림, 때때로 다가오는 억울함과 역경, 미움과 박해를 겸손이 참아 받고 도리어 선행으로 손 내미는 것. 그분께 대한 믿음으로 두려움 없이 세상 속에 뛰어들어 주어진 사명을 찾아내고 완성하려는 의지를 다시 챙기는 게 아닐까 합니다.

평화를 이루는 이들은 행복합니다. 불필요한 갈등에서 화해와 일치를 끌어내는 능력은 하느님을 닮아가는 사람들에게 주어진 특별한 은총입니다. 악을 끊어내고 꾸준히 선을 쫓아가는 것이 우리에게 내려진 소명임을 기억합시다. 그렇게 주님처럼 티 없이 깨끗한 변모를 조금씩 따라가야 하겠습니다.

개인적으로 오늘 주님의 변모는 그분의 첫째 기적을 기억나게 하는데, 가나 혼인잔치에서 물로 상징되는 인성을 술로 상징되는 신성으로 변화시킨 당신 구원 업적의 시작점과 연결되는 사건이라 묵상해 볼 수 있습니다. 이처럼 그분이 공생활 중에 보여주신 기적의 시작과 말미에, 인간을 당신 신성에 초대하시고 하나 되게 하시는 통합적인 메시지가 담겨 있습니다.

지극히 인간적 기준으로만 셈하던 세 명의 제자가, 굳이

사순 제2주일

안주하려 했던 그 천막을 거두고 이 시대에 구석진 곳에서 웅크리고 있는 이웃들에게 주님을 안내하는 충실한 도구가 될 수 있도록 지혜를 청합니다.

"용서하시오. 용서받을 것입니다."
(루카 6,37)

오늘 복음과 관련해서, 제 말을 나누기보다 2020년에 반포된 회칙 『모든 형제들(Fratelli Tutti)』에서 프란치스코 교황님이 명철하게 정리하신 화해와 용서의 가르침을 나누는 것이 좋을 것 같습니다. 「제7장 새로운 만남의 길들」 중에서 이러한 말씀을 하십니다.

"우리는 각자 '내 형제자매에 대한 마음속 차가운 판단, 치유되지 않은 상처, 용서받지 않은 잘못, 나를 아프게 할 뿐인 원망, 이러한 것들이 자기 마음을 어지럽히는 갈등의 파편이라는 것을, 곧 걷잡을 수 없을 정도로 불타오르기 전에 꺼야 하는 마음속 불씨라는 것을' 깨달아야 합니다."

"용서는 망각을 의미하는 것이 아닙니다. 절대로 부인될 수 없고 상대화시켜 버리거나 은폐해 버릴 수도 없는 어떤 일에 맞닥뜨릴 때조차 용서할 수 있다고 말합니다. 결코, 용인하거나 정당화하거나 용서해서는 안 될 어떤 일도 용서할 수 있습니다. 어떤 이유로도 잊을 수 없는 일조차 용서할 수 있습니다. 기꺼이 진심으로 하는 용서는 무한하게 용서하시는 하느님의 위대함을 반영합니다. 용서가 거저 베푸는 것이라면, 뉘우치려고 애쓰고 용서를 청하지 못하는 사람에게도 용서를 베풀 수 있습니다."

"참으로 용서하는 사람들은, 잊지는 않되, 그들에게 악행을 저지른 파괴적인 힘의 지배를 받지 않으려고 합니다. 그들은 악순환을 깨고 파괴의 힘이 기승을 부리는 것을 막습니다. 조만간 다시 자신에게 돌아오기 마련인 그 복수의 기세가 사회 안에 계속 퍼져나가지 않게 하겠다고 결심하는 것입니다. 실제로 복수는 피해자들의 불만을 결코 없애 주지 않습니다. 어떤 범죄들은 너무나 참혹하고 잔인해서, 이를 저지른 가해자의 처벌이 그 범죄의 피해를 보상하는 데에 아무 소용이 없기도 합니다. 그 범죄자를 죽이는 것으로도 충분하지 않습니다. 피해자가 겪었을 고통과 맞먹는 고문을 찾을 수도 없을 것입니다. 복수는 아무것도 해결해 주지 않습니다."

"우리는 면책에 대하여 말하고 있는 것도 아닙니다. 정의는 오로지 정의 자체에 대한 사랑, 희생자에 대한 존중, 새로운 범죄의 예방, 공동선의 수호를 위한 적절한 방법으로만 추구됩니다. 정의는 개인적 분노의 표출로 추구되는 것이 아닙니다. 용서는 바로 복수의 악순환이나 망각의 불의에 빠지지 않고 정의를 추구할 수 있게 해주는 것입니다."(250-252항)

'내 이웃 형제를 용서하고 화해하는 것은, 단순히 지난 과오를 망각하거나 덮어버리는 일이 아니라 악의 순환고리가 나에게서 끊기게 만드는 정의로운 의무라는 것'이라는 것을 저는 이 본문에서 읽을 수 있었습니다. 우리 모두 하느님 자녀답게 내 앞에 악순환의 고리를 발견한다면 그것을 화해와 용서로 끊어낼 수 있기 바랍니다.

그 가난한 이가 죽자
천사들이 그를 아브라함의 품으로 데려갔다.
(루카 16,22)

누구나 제 나름의 관심의 대상이 있습니다. 사랑하려는 마음가짐의 물꼬가 바로 관심인데, 오늘 독서와 복음의 내용은 우리의 관심을 이야기하기보다 하느님의 관심사를 이야기하고 있습니다.

주변에 고통받는 사람에 대한 관심이 오늘 복음의 주된 내용을 이룹니다만, 이보다 더 중요한 메시지는 바로 인간의 힘이 아닌 하느님께 의지해야 한다는 것입니다. 라자로는 사람에게 외면받았으나 하느님께 대한 신뢰로 아브라함의 품에 안겼습니다. 부자가 그토록 자랑하며 의지했던 물질적 풍요와 완전히 상반되는 입장을 보여줍니다.

사순시기에 오늘 이 비유 말씀을 통해, 우리의 관심이 어디를 향해 있는지 돌아보면 좋겠습니다. 나만을 향해 있는 관심을 하느님께 돌리고, 그분의 모든 피조물에게 돌리고, 그리고 무엇보다 하느님께서 관심 두고 지켜보는 가난하고 아파하는 사람들을 향해 돌리게 되면 하느님께서 바로 나를 더욱 관심 있게 지켜보고 가까이 오심을 체험할 것입니다.

겉보기에 진짜 가진 게 없어 보이는 수도생활의 궁색함이 곧 눈에 보이지 않는 풍요와 만족임을 깨닫습니다. 그리하여 십자가 말고 아무것도 자랑할 수 없게끔 이 사순시기를 잘 준비하기 바랍니다.

사순 제2주간 금요일

"제때에 소출을 바칠 다른 농부들에게
포도원을 맡길 것입니다."

(마태 21,41)

오늘 제1독서는 제가 구약에서 제일 좋아하는 형제애 이야기의 시작입니다. 요셉을 통한 하느님의 섭리가 신비롭지만, 그 신비가 인간적인 스토리 안에 담겨 있는 것이 더 신기합니다. 내일 독서가 정점인 이스라엘 12지파의 이집트 정착기는, 그들 사이의 질투와 배신, 실망과 고통 속에서 지혜와 믿음으로 성장하는 한 청년을 하느님께서 어떻게 돌보시는지 매우 감명 깊게 들려줍니다. 동시에, 하느님의 자비를 인간도 실천할 수 있음을 보여주는 이정표와 같습니다.

들을 귀가 없던 수석 사제들과 바리사이들도 알아챈 오늘 주님의 비유 말씀은, 앞서 읽은 요셉 형제들의 이야기와 정반대 방향으로 흐르는 몰상식한 자들의 악행을 고발하고 있습니다. 각 시대마다 말씀을 전한 예언자들의 입을 어떻게든 틀어막는 이들이 있습니다. 예수님처럼 비유가 섞이면 이해가 빠른데, 막상 그것이 오늘의 현실이 되면 우리 또한 소작인들 가운데 하나가 되지 않을까 염려가 됩니다. 도스토예프스키가 쓴 소설 『카라마조프가의 형제들』에서 나온 구절대로 재림하신 예수님이 오시자 그분을 감옥에 가두고 다시 나타나지 말 것을 요청했다는 구절이 현실이 될까, 항상 깨어 있기를 기도합니다.

요셉의 형제들은, 그래도 자기 형제에 대한 최소한의 인간적 연민을 간직하여 그를 살려 보냈습니다. 그러나 하느님의 것을 자기 것이라 착각하는 이들은 그 연민마저 버렸습니다. 그 순간 변질되는 약해빠진 인간성은 분명 하느님 자비의 극치로 정당한 심판과 복수를 당할 것입니다.

지금 우리의 소출은 어디에 있습니까? 예루살렘 근처에서 저주하셨던 '열매 없는 무화과 나무'가 되지 않도록 그분 말씀에 끊임없이 깨어 있길 주님께 간청합시다.

"즐기고 기뻐해야 한다."
(루카 15,32)

　아버지는 두 아들 모두를 사랑하셨습니다. 조건 없는 자식 사랑이 아닌, 나름에 줏대 있는 방식으로 사랑하셨습니다. 근래에 내 자식만 잘되면 남의 자식은 짓밟혀도 상관없다는 식의 막무가내 적인 뒷바라지가 아니라, 진실한 방식의 하느님 사랑이 오늘 비유에 나타납니다.

　예수님께서 들려주시는 큰아들과 작은아들의 비유가 상징하는바, 인간의 두 가지 측면에 집중해 보시기 바랍니다. 맏아들은 맏이답게 다소 성장한 아들로 듬직하니 집안의 버팀목 역할을 하면서도 내심 아버지의 인정과 사랑에 목말라 있습니다. 작은아들은 그야말로 철부지입니다. 세상이 주는 온갖 쾌락과 소유욕에 이 한 몸 다 바쳐 즐겨볼 요량으로 들떠 있는 인간성을 대표합니다. 이 두 아들은 창세 이래 원죄로 상처받은 약한 인간의 두 가지 본성을 상징적으로 드러냅니다.

사순 제2주간 토요일

어느 방향으로 가든지 그 무언가를 갈망할 수밖에 없는 인간성의 표상입니다. 뭐든 다 주시는 하느님 아버지, 그 존재 자체만으로는 절대 만족할 수 없어서 집 밖으로 떠돌고 싶은 우리의 약한 믿음을 작은아들은 여실히 보여주고 있습니다. 반면, 집 안에 머물러 있으면서도 아버지의 존재와 그분이 보여주신 자비를 제대로 이해하지 못하는 큰아들 역시 우리 안에 속한 한 부분입니다.

아버지는 두 아들 모두를 사랑하셨습니다. 두 아들 모두를 그릇된 길에서 좋게 타이르십니다. 유별난 작은 아들은 포용으로써 몸소 행동하는 자비로 타일러 주고 큰아들은 그 섭섭함에 대해 말씀과 초대로 타일러 주십니다. 우리가 지닌 두 가지 나약함에 이처럼 말씀과 행동으로 자비를 보여주시는 하느님께 우리는 어떻게 응답하고 있는지 이제 자신을 직시하고 바라봅시다. 그러면 아버지 앞에서 두 아들이 서로를 끌어안고 인정하며 화해하는 모습을 보여줄 수 있을 것입니다.

오늘 예수님의 비유로써 아버지께서 우리에게 바라십니다. 그릇된 길에서 돌아서려는 회개의 용기와 그 길에 홀로 서 있는 이들에 대한 따듯한 온유, 그리고 무엇보다 우리 안에 이 두 가지 나약함을 인정하고 자아 분열이 아닌 화해와 일치로써 그분 앞에 훌륭한 자녀로 성장하길 바라십니다.

사순 제3주일

> "당신 집에 대한 열정이
> 저를 집어삼킬 것입니다."
>
> (요한 2,17)

제가 개인적으로 알고 있는 독실한 개신교 신자 부부가 있는데, 이들은 결혼하자마자 평온한 가정을 만들기 위해 목사님이 추천한 '가정 십계명'을 정해놓고 서로 노력하자고 약속했다고 합니다. 두 가지 계명이 이색적입니다. '제2계명: 잔소리는 금물, 잔소리로는 절대 상대를 바꾸지 못함을 기억하라. 제3계명: 집에 불이 났을 때를 제외하고 절대 고함지르지 마라.' 우리도 프란치스코 교황님의 발표하신 '행복 십계명'이 있습니다. 2019년 아르헨티나 한 주간지와의 인터뷰에서 밝히신 내용인데, 한 번 들어보시면 좋겠습니다.

1. 자신의 인생을 살고 타인의 인생도 존중하라.
2. 타인에게 마음을 열라.
3. 마음의 평온을 유지하라.
4. 삶에 여유를 찾아라.

사순 제3주일

5. 일요일은 가족과 함께 보내라.
6. 젊은 세대에 가치 있는 일자리를 만들어주라.
7. 자연을 사랑하고 존중하라.
8. 부정적 생각과 태도를 버려라.
9. 타인을 개종시키려 하지 말라.
10. 평화를 위해 행동하라.[1]

오늘 제1독서에서, 사실 십계명은 고대 중동 유목민이었던 민족들의 생활법규 정도로 보이겠습니다. 하지만 삶의 모습 또한 그 지형적 특성 때문에 생겨난 문화적 다채로움을 엄밀하게 구분하지 않는 한, 인간사 어딜 가나 기본적 삶의 형태가 거의 비슷하다고 할 수 있으니, 모세에게 전달된 이 계명들은 분명 종교적 의미를 넘어선 인류의 보편적 질서와 권리가 들어있고, 하지 말아야 할 것들을 통해 드러난 실천적 의무가 담겨 있는 것입니다. 중요한 것은, 단순히 하지 말라는 통제가 아니라 하느님과 이웃에 대한 상호 존중의 자세가 곧 우리 모두를 살리는 길임을 보여준다는 사실에 있습니다. 후에 이 계명들은 예수님을 통해 '하느님 사랑과 이웃 사랑'으로 간파된 명확한 요점으로 정리됩니다.

---

1) https://www.hani.co.kr/arti/society/religious/649422.html, 2019.10.19일자 한겨레 기사.

주님께서 걸어가신 '십자가의 길'이 바로 하느님이 주신 계명의 지혜를 결정적으로 드러낸 사건입니다. 바오로 사도는 세상의 눈으로 보기에 어리석어 보이는 주님의 수난과 죽음을, 그 의중이 숨겨진 하느님의 위대한 뜻임을 간파했습니다.

"하느님의 어리석음이 사람보다 더 지혜롭고 그분의 약함이 사람보다 더 강합니다."(1코린 1,25)

만일 '세상 안에서 하느님의 나약함'을 제대로 묵상하신다면, 그것은 바로 오직 인간에 대한 사랑과 자비 때문임을 깨달을 것입니다. 다시 말해, 나약한 우리를 위하여 하느님 스스로 당신을 낮춰, 구원을 향한 여정에 용기와 힘을 북돋아 주기 위함임을 알게 될 것입니다.

오늘 복음을 통해 자비로우신 하느님은 또한 정의로운 분이심을 기억합시다. 예루살렘 성전을 다소 과격하게 뒤엎으시는 예수님의 모습은, 그 당시 같은 생각을 가졌던 의로운 사람들도 쉬이 하지 못했던 행동입니다. 사람들은 이미 장사치 소굴이 되어 버린 성전을 보며, 내심 성전을 이처럼 왁자지껄하게 만드는 상행위에 지쳤을지도 모릅니다. 대사제와 제관들이 자기들에게 돌아오는 이득을 취하기 위해 그저 방치하고 있는 동안, 그 방치가 의례 관례가 된 듯 굳어지는 바람에 거룩한 공간이 떠들썩한 시장통이자 경박한 공간이 되어 버린 상황입니다. 어디선가 분명 한탄하는 목소리가 있었으리라 생각됩니다. 그러니 오늘 이 정화사건은 예수님의 엄중하고도 정의로운 모습을 보여주고 있습니다. 그분은 무엇보다 기도하는 장소를 이처럼 만든 것에 대한 방관을 허용하지 않으셨고, 하느님께 마땅히 돌아가야 할 경건과 거룩함의 몫을 '매매와 환전'이라는 우상이 빼앗아 가는 것에 분노하셨습니다. 그분은 결코 하느님과 인간에게 마땅히 돌아가야 할 공정하고 정의로운 몫에 있어서 침묵하거나 나약하지 않으셨습니다.

사실 이 때문에 고위 관리자들로부터 죽음에 이를 분노와 미움을 사게 되셨습니다. 그렇게 짊어지게 된 십자가의 수난과 죽음은, 실상 지상에 어떤 인간도 해낼 수 없었던 정의로움을 강력하게 반증하게 되었습니다. 제 주인에게 돌아가야 할 그 몫을 제대로 넘겨주신 사건이기 때문입니다. 바로 인간을, 마귀와 우상들의 헛된 손아귀가 아니라 하느님의 몫, 바로 그분의 것으로 돌려드린 속량이자 위대한 구원이 되었기 때문입니다.

그러니 이제 우리가 마땅히 드려야 할 하느님의 몫이 그 어떤 세속적인 것 때문에 빼앗기는 일이 없도록 주의합시다. 그리고 언제든지 이웃에게 해 줄 수 있는 몫을 발견한다면 주저 없이 행동하는 '하느님의 바보'들이 되어야 하겠습니다.

사순 제3주일

　서두에 소개한 독실한 개신교 부부의 '가정 십계명'이나, 프란치스코 교황님의 '행복 십계명' 모두 사실 그 대상이 누구든 마땅히 돌아가야 할 몫을 정당하게 인정해 주는 기본 규칙이 바탕에 깔려있다고 할 수 있습니다. 그게 하느님이건, 사람이건, 피조물이건, 혹은 자기 자신이건 간에 말입니다. 만일 하느님과 이웃에게 돌아가야 할 마땅한 몫이 다른 곳으로 새어나가는 불의를 본다면 결코 침묵하거나 방관하는 일이 없도록 해야 하겠습니다.

　거룩함을 거룩하게 대할 줄 아는 정신과 태도, 공정한 분배의 실천, 불의와 정의를 구분할 줄 아는 지혜, 그리고 올바른 가치를 수호하기 위한 정당한 외침 모두가 오늘 복음에서 이를 몸소 실천하신 예수님의 가르침이자 호소임을 기억하시기 바랍니다.

그들 한가운데를 가로질러 떠나가셨다.

(루카 4,30)

오늘 복음에서, 예수님을 배척하는 고향 사람들의 시선을, 복음서는 어딘가 다소 부자연스럽게 표현하고 있습니다. 오늘 복음에 나오진 않지만, 다른 공관복음에서 그들은 예수님의 지혜와 권위에 놀라워합니다. 그러나 뒤이어 예언자에 대한 배척을 말씀하시자 모두 들고 일어나 화를 내는 장면이 나옵니다.

이는 오늘날 부지불식간 일어나는 현상 하나를 돌아보게 만듭니다. 사람들로부터 좋은 평판을 원하는 것이 본래 인간의 본성입니다. 누군가에게 모범과 존경을 받고자 하는 것이 당연합니다. 그러나 이 좋은 이미지를 관리하려 들고, 더 많은 존경 받기에서 자유롭지 못하게 되면, 현실을 고스란히 비추어 하느님의 뜻을 전해야 하는 우리의 복음 선포 사명은, 그 빛을 잃고 자신을 더 우선으로 두게 됩니다. 현실 직시의 예언자적 목소리보다, 나를 좋게 바라봐주는 사람들의 의향을 대변해줘야 하고, 그들을 대리하여 만족시켜 주기 위해 정작 하느님께서 우리에게 맡기신 소명에 소홀할 수 있다는 것입니다.

오늘 복음에서 예수님께서는, 바로 이 점을 명백히 보셨습니다. 고향 사람들이 자신을 좋게 말하는 그 이면에 "당신은 이곳 나자렛 고을 출신이니, 당신에 대한 그 명성으로 여기 또한 수도 예루살렘 못지않게 번성케 해달라"는 기대치가 있었을지도 모릅니다. 현세적 기대치가 공유되자 곧, 그분이 전하려는 기쁜 소식은 전혀 의미가 없어집니다. 더군다나 예수님을 자기들 마음대로 이용하고자 하는 욕심이 불쑥 생겨났을 것입니다.

이 기대와 욕심을 산산이 부수는 예수님의 말씀과 분노하는 사람들의 모습을 통해 우리가 지닌 마음가짐을 돌아봅니다. 그분은 고향 사람들의 기대를 깨부수고 떠나가셨습니다. 그곳에 오래 머물지 않으셨습니다. 사렙타 과부와 시리아 장수 나아만의 비유는 분명, 하느님을 시험하라는 3대 유혹 가운데 하나가, 불경하게 그 자리에서 벌어지고 있었음을 바로 보게 만드는 인용이었습니다. 보통, 사람들은 자기 자신을 바로 보게 되면 복잡한 감정이 일어납니다. 그리고 그 감정을 해소하고자 분노하게 됩니다. 이 때문에 나자렛 고을에서 예수님를 안다고 자부하는 몇 사람의 선동이 마을 전체를 주저 없이 분노하게 만들었습니다.

또한, 이 사화는 예수님께서 가실 고난과 배척의 십자가, 골고타 언덕을 미리 보여주는 상징적인 장면입니다. 유다인들이 그분을 십자가에 못을 박은 이유 역시, 크게 보면 오늘 이 고향에서의 마주한 사건과 다르지 않습니다. 예수님은 분명히 그들이 바라고, 그들이 원하고, 그들이 만들었던 구세주의 이미지가 아니기 때문입니다. 하지만 '구원'에서 중요한 것은, 우리의 주도권이 아닙니다. 하느님의 주도권을 믿고 거기에 의지하는 것이 우리가 선택할 수 있는 유일한 몫입니다. 이를 다시 각성하는 계기가 오늘 복음을 통해 주어지길 바랍니다.

따라서 지금 우리 신앙의 현주소를 오늘 복음에 비추어 묵상하고 돌아보면 좋겠습니다. '나는 그분의 도구로 쓰이길 원하는가, 아니면 그분이 나를 위한 무조건적인 조력자가 되길 원하는가.' '사람들로부터 얻는 명예와 존경과 선한 이미지에 더 목마른가, 아니면 하느님께서 보여주신 길을 이 사람들에게 보여주길 더 갈망하는가.'

사실 '선하신 분은 아버지밖에 없으십니다.' 우리 안에 있는 좋은 것은 물론이고 나약한 것들까지, 전능하신 하느님에 의해 복음 선포의 도구가 될 수 있다는 점을 믿었으면 합니다. 무엇이 더 우리의 원의 안에 숨겨진 의중인지 조용히 지켜보는 하루 되시길 바랍니다.

> "제발 사정을 봐주십시오.
> 모두 갚겠습니다."
>
> (마태 18,26)

　예전에 영화 『밀양』을 보고 많은 생각이 들었던 기억이 납니다. 개봉하고 한참 뒤에 봤는데, 그때가 성사 가운데 고해성사에 대해 배우고 있던 신학생 시절이었던 걸로 기억합니다. 지금도 유튜브에서 이 영화에 대한 해석과 평가를 여럿 찾아볼 수 있습니다. 생각 거리가 많은 영화라 여기서 자세히 소개할 수는 없고, 그저 요약하자면 자신의 깊은 상흔은 제대로 보지 못한 채 섣부른 '용서'와 마주했을 때 겪는 혼란이 인상 깊은 영화입니다.

　용서는 말이나 생각이 아니라 행위와 실천임을 아실 겁니다. 사랑과 감사도 그렇습니다. 특히 용서받는다는 것은 오늘 복음처럼 빚을 진 것 같이 아주 구체적으로 기억에 남는 '체험'이고 또 그렇게 되어야 합니다. 고해를 통한 용서는 하느님으로부터 받게 되는 믿음의 체험이자, 그분의 자비가 얼마나 큰지 알게 합니다. 그러나 동시에 우리는 그분의 용서가 아주 당연하다는 식의 가벼움을 경계해야 합니다. 타인의 뉘우침을 너그럽게 받아들일 의무를 주기 때문입니다. 결코, 용서할 수 없다는 고집은 우리 자신을 굉장히 경직되게 만드는 일종의 죄책감으로 몰아갑니다. 심리적으로 그러합니다. 앞서 소개한 영화는 바로 이점을 아주 세밀하게 잘 표현했다는 느낌 때문에 여운이 남는 영화였습니다.

미카 예언서에 이런 말씀이 있습니다. 하느님이 바라시는 우리의 기본자세는, '정의와 공정을 실천하고 겸손되이 그분과 함께 가는 것', 그리고 '분노를 계속 담지 않고, 다시 가엾이 여기며, 허물을 모르는 체 해 주고, 성실히 대하는' 것입니다. 이 말씀에서 우리가 하느님께 진 빚을 되갚을 수 있는 구체적 실천의 이정표가 주어졌으니, 그대로 실천할 수 있는 은총도 함께 청해야 하겠습니다.

하루에도 몇 번이나 나의 허물을 용서하시는 하느님께서는, 구체적으로 바로 내 옆 형제자매를 통해 그렇게 하심을 항상 깨어 의식하면서 생활하시길 바랍니다. 아울러 오늘날 믿음에서 우러나오는 실천은 멀찍이 밀어 놓고, 신앙을 단순히 신념 정도로만 여기는 겸손하지 못한 그리스도인들이 많습니다.

오늘 말씀에 비추어, 인류 공동체 모두가 보편적 사랑으로 하나 되어 하느님의 진정한 가족 구성원이 될 수 있도록 기도해 주시기 바랍니다.

> "폐지하러 온 것이 아니라
> 완성하러 왔습니다."
> (마태 5,17)

학교의 실질적인 운영자, 우리 순심학교의 관리자들과 대화하다 보면, 교사들에 대한 개별적 평가와 의견을 자주 묻곤 합니다. '잘 가르치냐', '그렇지 못하느냐'가 아니라 '어떻게 가르치고 있느냐'와 '관리자(교장, 교감)들의 교육 방향과 얼마나 일치하느냐'를 살펴봅니다. 우리 학교 교사들은 대체로 평이 좋은데, 분명 그렇지 못한 선생님들도 계십니다. 학교 주요 관리자들이 하는 일은 교육과 관련한 여러 정보를 수집하고, 계속 변화하는 교육 분위기, 체계들을 모아 정리하여 미래의 방향을 효과적으로 전달하면서 동시에 이끌어주는 역할을 하고 있습니다. 이 때문에 선생님들이 되도록 재단과 관리자들이 제시하는 방향과 일치할 수 있도록 도와야 하고, 변화에 적응하지 못하는 교사들은 다른 방향에서 이끌어주는 게 필요합니다.

오늘 복음에서도 교육자 중에 최고의 교육자라고 할 수 있는 예수님께서, 우리가 하느님 나라에 들어갈 때 큰 거목으로 성장할 수 있도록 이끌어주는 말씀을 하셨습니다. 첫째, 당신의 가르침이 이스라엘의 계명 준수 사항과 상충되지 않다는 사실을 알려주십니다. 둘째, 예언자들이 전한 하느님의 메시지를 무시하지도, 무시할 수도 없다는 사실을 알려주고 계십니다.

오늘 이 복음 전 맥락은 우리에게 믿음의 핵심적인 실천 사항이자 '요령'인 '산상수훈'을 말씀하셨습니다. 산상수훈은 구약의 10가지 주요 계명과 예언자들의 말들 모두 8가지 행복 선언으로 요약한 가르침입니다. 가난한 마음, 연민과 슬픔의 마음, 깨끗한 마음, 온유한 마음, 정의에 대한 굶주림, 자비와 평화의 행동, 주님과 정의로움 때문에 받게 될 고통의 감내까지. 그리고 이를 크게 두 가지 계명의 원칙으로 모으셨으니 그것이 바로 '하느님 사랑과 이웃 사랑'입니다. 이러한 당신의 가르침을 구약과 무관한 전혀 다른 새로운 가르침이 아니라, 아주 견고하게 연결된 것이라 말씀하시는데, 이를 강하게 표현하십니다. '하늘과 땅이 사라지기 전까지, 그리고 모든 것이 이루어지기 전까지, 한 자 한 획도 없어지지 않을 것이다.'

하느님께서는 세례와 성체성사를 통해 구원을 위한 계약

을 체결하셨습니다. 상호 간에 약속인 것입니다. 그 약속의 조건은 결코 복잡하지 않고 단순합니다. 그분은 우리에게 명확하게 가야 할 길의 방향을 제시하셨고, 우리는 자유롭게 그 뜻을 헤아리며 살아가고 있습니다. 시대가 변하고, 어제와 다른 오늘의 다양한 삶 속에서도 그분이 '진실로 진실로 말씀하신' 그 계명과 율법의 정신은 상황에 맞게끔 실천할 수 있는 특별한 은총으로 전해질 것입니다. 앞서 말씀드린 우리 학교 관리자들의 역할이 이러합니다. 학생들을 좋은 여건에서 좋은 교육을 시켜야 한다는 기본 전제가 그 방향성을 제시하니, '창고에서 옛것과 새것을 꺼내어' 적절하게 적용하는 방식으로 학교의 기본적인 역할을 충실히 제안하는 것이죠. 우리 역시 마찬가지입니다. 살면서 이게 하느님의 뜻인지, 아닌지 모호할 때, 그분께 직접 물어보십시오. "주님, 지금 이 행동과 말이 저를 당신 나라에서 어떤 크기의 자리를 예약하고 있습니까?" 그러면 분명 답이 돌아올 것입니다.

사순 제3주간 목요일

"어느 나라든지 서로 갈라서면
망하고 집들도 무너진다."

(루카 11,17)

단합과 결속은, 비단 인간 사회 안에서만 필요한 것이 아닌가 봅니다. 악의 세력 역시 그 결속력이 분산되면 망할 수밖에 없다는 주님의 말씀에서, 실제 악의 습성은 집단적인 공격과 유혹으로 봐야 합니다.

오늘 복음에서 예수님의 구마와 정화는, 이 거짓의 실체를 그저 허무와 상상으로만 여기지 말고 실재하고 있음을 알려주는 중요한 말씀입니다. 21세기 첨단사회에서 악의 실재를 가리키는 것 자체가, 오늘 복음에서 유다인들처럼, 현대인들이 초자연적 증거를 대보라는 조롱거리로 들릴 수 있겠습니다만, 사실 많은 곳에서 인간을 유혹하는 집단적 세력들이 그 맹위를 떨치고 있음을 목격합니다. 토마스 아퀴나스 성인 역시, 순종하는 천사들의 존재만큼, 하느님께 반역한 무리들이 확실히 존재함을 간파하셨습니다.

우리에게 중요한 것은, 단결보다 분산을 더 낫게 여기는, 그래서 공동체보다 개인을 우선 할 때, 이 시대 집단적 악의 먹잇감이 될 수 있다는 것입니다. 서로 원수 같은 사이가 되었다 하여도 같이 사는 한, 서로를 위해 선을 북돋아 줄 수 있는 끈끈한 협력이야말로, 영적 메마름을 견디어 나갈 비책이 아닐까 합니다.

더러운 영은, 다른 곳이 아니라 자신이 있던 곳이 아무것도 없이 정리된 것을 발견하고, 더 큰 무리를 이끌고 들어간다는 주님의 말씀을 기억하며, 우리의 내면을 텅 비게 만드는 영적 세속화와 메마름을 경계해야 하겠습니다.

"이보다 더 큰 계명은 없습니다."
(마르 12,31)

    청원자 시절, 지금은 작고하신 황춘홍 다미아노 신부님을 잠시 보살펴 드린 적이 있습니다. 기억하시는 분들이 꽤 되실 줄 압니다. 대부분 방 청소와 식사 준비, 홀로 기도할 수 있도록 묵주와 성무일도를 준비해드렸습니다. 몸이 불편하셨던 신부님은 지난 시간 차분히 정리하시며 쓰신 여러 원고들을 정리하시면서, 당신이 취미 삼아 만든 담금주를 따라 주시곤 하셨습니다. 신부님이 자주 입에 담았던 말씀이 있는데 아직도 제 기억 남는 말씀이고 때로 제 모든 행동의 방향이 되기도 합니다. '지금, 그게 중요한 게 아니니까' 제가 잡다한 일에 신경 쓰고 있으면 멈추게 하시고, 지금 당신에게 꼭 필요한 한 가지만 찾아 부탁하시곤 하셨습니다.

    오늘 복음 역시, 신약 전체를 통틀어 가장 중요하고 필요한 한 가지에 대한 말씀입니다. 가장 중요한 계명이 있다면 그것은 바로, 하느님께 대한 온전한 사랑과 거기서 흘러나온 넘치는 사랑으로 이웃을 사랑하라. 요한 복음에서도 말씀하셨습니다. "나의 계명은 이것이다. 내가 너희를 사랑한 것처럼 너희도 서로 사랑하여라." 이 말씀 실천이 어려웠던 사람들이, 여러 성인에게 가르침을 청했고, 그분들은 사랑한다는 것이 무엇인지 대해 공통적으로 다음과 같이 이야기했습니다.

> 계산하지 않고, 복잡하지 않으며, 엉뚱한 곳에 눈 돌리지 않고, 오직 한 곳만 바라보면서도 더 넓은 곳으로 시선을 던지는 것 / 받는 것보다 주는 것에 더 큰 기쁨을 얻게 된다는 것이 무엇인지 알도록 노력하는 것 / 내가 아닌 하느님을 기쁘게 해드릴 행동만 추구하는 것 / 내 것과 네 것을 따져 묻거나 득과 실에 신경이 곤두서지 않는 것.[2]

이러한 참된 사랑에는 더 얻으려는 복잡한 도시적인 셈법이 들어설 자리가 없습니다. 성인들이 보여준 진정한 '사랑'에 대해 짧게 요약했습니다만, '단순함과 순수함'이 바로 '사랑의

---

[2] 성모님의 순종을 비롯해 프란치스코 성인의 청빈, 아빌라의 데레사 성녀의 굳은 믿음, 클라라 성녀의 기도, 성 요한 보스코의 헌신적인 삶, 성 빈첸시오 아 바오로가 지닌 가난한 이들을 위한 마음, 프란치스코 하비에르의 선교 열정, 성 요한 마리아 비안네의 단순성 등 여러 성인의 삶을 이처럼 요약할 수 있다.

계명'을 관통하는 중요한 한 가지, 다시 말해 뼈대가 아닐까 합니다. 오늘 율법학자가 칭찬받은 이유는, 번제물과 희생 제물로 상징되는 부유한 물질적 봉헌보다 바로 이러한 순수, 단순의 사랑에 대해 동의했기 때문입니다.

지금 세상은 숫자놀이를 좋아합니다. 근래에 붐이 일고 있는 주식이나 비트코인, 부동산 투기 등의 열풍은 결국 물질적 재화를 불로소득不勞所得 하기 위한 방편입니다. 이를 위해 갖가지 꾀를 부리고 때론 불순한 의도와 복잡한 계산을 하느라 이웃의 어려움 따위는 신경 쓸 겨를이 없습니다. 그러나 하느님께서 사랑임을 믿고 있는 사람은 이런 숫자놀이에 정신과 시간을 투자하는 게 어렵습니다. 우리는 살림살이에 대한 온갖 득과 실을 따져 물어, 손해 보지 말라고 부름을 받은 것이 아니죠. 물론 때로 공동체 전체를 위한 뱀의 슬기가 필요하기도 합니다. 하지만 십자가의 어리석음에 기초한 단순함과 순수하게 사랑하며 살아가는 것이 우리 부르심의 본질임을 잊지 말아야 하겠습니다. 지금, 우리에게는 그게 제일 중요합니다.

사순 제3주간 토요일

"하느님! 이 죄인에게 자비를 베푸소서."
(루카 18,13)

성덕과 의로움의 길은 손으로 물을 잡는 것과 비슷합니다. 결코, 한 손에 움켜쥐거나 양손으로 고이 담는 순간부터 손가락들 사이로 빠져나가는, 소유가 불가능한 것입니다. 그렇다고 성덕과 의로움에 이르는 길을 포기하는 것은 더 어리석은 일입니다. 끊임없이 그 물에 내 손을 적시는 수고와 노력을 멈추지 않으면, 그 물에 차라리 나 자신을 던져버릴 용기를 얻고 진리를 깨닫게 될 것입니다.

하느님 앞에 자만심과 자기만족에 대해 경계하라는 오늘 복음 말씀에서 두 부류의 사람을 보게 됩니다. 바리사이는 몸과 머리를 굽힐 줄 모르는 자신감을 바탕으로 유일하게 선하신 하느님을 자신의 인정 욕구를 채우기 위한 수단으로 바라봅니다. 일종의 교만입니다. 인간이 결코 다다를 수 없는 그 정의로움을 마치 손에 쥐고 소유했다는 만족감으로 배불러 있습니다. 본인만 모르는, 타인에 대한 판단의 틈새로 그 정당함이 빠져나가는 줄 모릅니다. 그러나 세리는 자신의 부당함을 알고 차라리 있는 그대로 하느님께 투신합니다. 그분 자비에 대한 믿음으로 자신을 온전히 던져버렸습니다. 깨진 곳이 하도 많아 하느님께서 쓸만한 그릇마저 못 된다는 사실을 너무나 잘 알고 있었습니다. 그렇기 때문에 그의 단 한 마디 기도는, 자기 처지에 있는 그대로 터져 나온 순수함을 담을 수 있었습니다.

산상수훈에서 예수님께서, '슬퍼하는 사람이 행복한' 이유가 여기 있습니다. 오늘 복음 말씀처럼, 내가 바로 세상에서 가장 비참한 인간임을 알고, 있는 그대로 하느님께 받아들여지길 원하는 겸손한 이들을 두고 말씀하신 것입니다. 지금까지 닦아온 오랜 수도 생활의 연륜을 왼손으로 보고, 타인과 자신을 비교하는 교만한 생각을 오른손으로 여기면, 이 양손으로 쥐려 했던 성덕과 의로움일랑 어느 틈에 빠져나가 버림을 명심합시다. 오직 그분 자비에 자신을 투신하는 겸손과 내 이웃을 향한 순수한 기도를 준비하여 하느님께 나아가시길 바랍니다.

> "모세가 광야에서 뱀을 들어 올린 것처럼,
> 인자도 그렇게 들어 올려져야 합니다."
> (요한 3,14)

　살다 보면, 누구나 자신의 한계를 경험합니다. 특히 영적 성장의 의지와 결심에 있어서, 죄와 죽음이 지배하는 세상 속 갖가지 유혹과 투쟁하려 해도 결국 자기 자신의 한계만 확인하게 될 뿐입니다. 그러나 아시다시피, 자신의 한계를 대면해 본 사람만이 성장합니다. 나약함에서 강함을, 악에서 선을, 절망에서 끝내 희망을 선물하시는 하느님의 능력만이 한계를 모르기 때문입니다.

　제1독서 역대기가 보여주는 인간 군상은, 누가 봐도 이러한 배반의 역사를 되풀이하는 피조물에게 도무지 구원의 방도가 없는 '악의 무리'로 규정짓게 만듭니다. 그러나 하느님은 결코 단죄와 죽음의 멍에를 허락하지 않으시고 당신의 생명과 자비를 더욱 두드러지게 만드셨습니다. 하느님은 인간이 기어

코 죽음의 계곡 위에서 위태로운 외줄타기를 고집한다면, 돌풍을 불러일으켜서라도 뒷걸음치게 만드시는 분입니다. 그 길이 아니라고, 처음부터 다시 시작할 것을 경고하십니다. 독서 마지막 구절을 통해, 성전 재건의 희망을 보여주시며 절망의 끄트머리에서도 자비를 믿도록 이제 우리를 초대하십니다.

이 초대에 응답한 우리는, 오늘 복음에서 외아들을 통한 하느님 아버지의 극진한 인내와 자비를 알아듣습니다. 그 옛날 이집트를 탈출한 이스라엘 백성이 불평과 불만으로 가득 찬 상태로 광야를 떠돌았을 때, 그들은 하느님을 믿기보다, 단순히 그분을 알고 있던 수준에 그쳤습니다. 믿는 것과 아는 것은 다릅니다. 하느님께 대한 의심과 불평으로 얼룩졌던 백성은 급기야 그분의 한계를 시험하려 들었습니다. 사람들을 물어 죽게 한 '불뱀'이란, 결국 인간의 한계와 나약함의 상징입니다. 이스라엘 백성 스스로가 자신들의 한계와 나약함 때문에 서로를 물어뜯고 불목하며 이웃과 공동체를 파괴하려는 불의한 행동으로도 알아들을 수 있습니다. 민수기에 나오는 이야기로써, 모세가 구리로 만들어 들어 올렸던 뱀의 형상이란, 바로 이러한 나약한 인간성을 비추는 거울과 같았습니다. 인간이 지닌 죄악의 민낯을 숨김없이 드러내며 각자의 한계까지 뚜렷하게 비춤으로써, 모두가 하느님께 의지해야 생명을 얻게 된다는 사실을 들려줍니다.

우리에게도 이러한 거울이 있습니다. 구약 시대에 이스라엘 백성의 교만과 나약함, 그리고 악한 본성을 비추며 인정하게 했던 구리뱀은, 주님께서 짊어지고 가신 골고타 언덕으로 우리를 초대합니다. 거기서 이제 각자 짊어진 십자가를 발견하도록 가리킵니다. 더 나아가 내 이웃 형제자매들이 짊어지고 힘겹게 주님의 뒤를 따르는 모습을 바라보게 합니다. 관심에서 우러나오는 영적 시선으로 내 옆 사람의 십자가를 바로 보고 주님께서 허락하신 나의 십자가가 얼마나 가벼운지 헤아리는 '하느님의 자비'의 체험이 일상이 되시길 바랍니다. 십자고상을 통해 하느님의 약속을 되새기면서도, 미사를 통해 성체 성혈로 들어 높여진 주님의 거룩한 자비를 새롭게 바라봅시다. 우리가 지닌 분명한 한계에도 그분은 나의 부족함을 통해서, 우리의 영적 성장뿐만 아니라, 구원이 필요한, 아직 세상에 속한 영혼들을 부르시기 위하여, 바로 '내가' 그 구리뱀이 되길 원하시기 때문입니다.

사순 제4주간 월요일

"돌아가시오. 아들은 살 것입니다."

(요한 4,50)

아내와 사별한 형제 한 분이 산티아고 순례 여정을 시작합니다. 길에서 만난 사람들과 인사도 나누고 숙소에서 만난 한인 순례단과 함께 미사도 봉헌하면서 먼 길을 기쁘게 걷고 있었습니다. 그런데 순례 중반쯤 예상치 못하게 자기 딸의 교통사고 소식을 듣게 됩니다. 중환자실에 있다는 소식이 청천벽력 같았지만, 그는 이 기회를 오히려 하느님께 매달려 보는 시간으로 만들기로 합니다. 어린 둘째 아들이 급하게 전한 소식이라 연락이 잘 닿지 않자 미칠 지경이었습니다. 그러나 당장에 죽을 정도는 아니라고 하니, 순례 내내 딸의 회복을 위한 기도를 간절히 바쳤다고 합니다. 생애 그토록 간절했던 적이 없을 정도로 기도하며 눈물로 걸었다고 합니다. 아내마저 데려가시고도 모자라 딸마저 데려가셔야 하냐고 원망과 비탄의 눈물, 그러면서도 제발 살려달라고 울부짖듯 매달리는 애원이 그 눈물에 담겨 있었습니다. 정신없는 순례를 마치자마자 귀국하여 딸이 있는 병원으로 달려갔더니, 환자복을 입은 채, 목발을 짚고 웃으며 자기에게 걸어오는 딸에게서, 그는 생전 아내의 모습과 흡사한 성모님을 볼 수 있었다고 자기의 신앙체험을 고백했습니다.

오늘 복음에서 예수님의 기적 중 요한이 밝히는 두 번째 기적 사화는 그 핵심이 바로 '생명과 믿음'입니다. 가나에서의 첫째 기적이 성모님의 부탁으로 이루어진 포도주 변화의 기적인데, 인간 사회 안에 기쁨과 행복, 축복과 평화를 위한 기적인 동시에 성모님께 대한 신실함이 당신의 때를 앞당길 수 있다는 사실을 보여주는 중요한 사건이었습니다. 이 두 번째 기적의 의미는 바로 생명의 주인이 누구인지 알려주고 있습니다. 자식을 향한 부모의 사랑보다 애절한 것이 없지만, 자식을 낳을 수는 있어도 그의 생명을 연장해주거나 죽음에서 건져줄 능력이 없습니다. 생명은 하느님의 영역이기 때문입니다. 세상에 '생명'보다 더 중요한 가치가 무엇입니까? 모든 생명은 하느님께 속한 것입니다.

우리가 드리는 공적인 청원 기도를 살펴보면, 결국 모든 이의 생명을 위한 것으로 요약할 수 있습니다. 주님의 수난과 죽음, 그리고 이 마지막 만찬의 기념 제사 역시 '산 이와 죽은 이 모두에게 영원한 생명을 주기 위한 약속의 형태'를 띠고 있습니다. 그러니 이제 우리가 해야 할 것은, 앞서 말씀드린 산티아고 순례길에서 가슴 철렁한 소식을 들은 그 형제와 같이, 자신이 어쩔 수 없는 상황이라면, 그분께 매달리고 애원하면서 믿고 계속 걸어가는 것입니다.

우리의 기도란, 지금 얼마나 간절한지 점검해봐야 하겠습니다. 이 거룩한 시간에, 예수님께서 나눠주신 생명의 약속을 믿고 본연에 충실한 삶을 걸어가다 보면, 오늘 복음의 왕실 관리인이 체험한 그 믿음의 체험은 우리 모두의 체험이 될 것입니다.

"낫고 싶습니까?"
(요한 5,6)

오늘은 제 말씀보다 공경하올 프란치스코 교황님께서 하신 오늘 복음과 관련된 강론 말씀을 함께 나누면 좋겠습니다.

"건강해지고 싶으냐?" 예수님께서 되풀이하시어 우리에게도 물으시는 말씀입니다. '건강해지고 싶으냐? 행복해지고 싶으냐? 너의 삶을 더 나아지게 하고 싶으냐? 성령으로 충만해지고 싶으냐?' 예수님께서 그 낯선 남자에게 그가 건강해지고 싶은지 물으셨을 때 그는 "네"라고 대답하는 대신 물이 출렁거릴 때 자신을 못 속에 넣어 줄 사람이 없어서 자기가 가는 동안에 항상 다른 이가 먼저 내려간다고 불평했습니다. 그의 대답은 '불평'이었습니다. 삶은 그에게 불공평해 왔다는 것을 내비치며 말하고 있었습니다.

사순 제4주간 화요일

이 남자는 오늘 제1독서에서 언급된 물가에 심겨 있는 나무와 같았지만, 그 나무는 말라비틀어진 뿌리와 같았고, 물에 닿지 못했던 그 뿌리는 영양분을 흡수하지 못했습니다. 항상 불평하면서 다른 사람 탓을 하려고 하는 그 남자의 태도는 분명 추한 죄입니다. 즉 나태의 죄입니다.

이 남자의 병은 마비가 아니라 나태함이고 그것은 미적지근한 마음을 가진 것보다 더 나쁩니다. 그것은 앞으로 나아가고자 하는 갈망, 삶에서 무언가를 하려는 갈망이 없이 살도록 합니다. 그것은 기쁨의 기억을 잃게 만듭니다. 예수님께서는 그를 나무라지 않으시고 말씀하셨습니다. "네 들것을 들고 걸어가거라." 그 남자는 치유 되었지만, 안식일이었기 때문에 율법학자들은 안식일에 들것을 들고 다니는 것은 합당하지 않다고 말하면서 그들은 그에게 그렇게 하라고 말한 사람이 누구냐고 물었습니다.

그 병이 나은 이는 예수님께 감사를 드리지도 않았고 그분의 이름을 묻지도 않았습니다. 그는, '산소는 공짜니까 인생을 사는 나태한 자세'로 일어나 걸었습니다. 누가 더 행복한가? 늘 남들을 두리번거리며 기쁨을 잊어버리면서 사는 것은 잘못된 것입니다. 나태는 우리를 마비시키는 죄입니다. 우리가 걷는 것을 막습니다. 오늘도 주님께서는 죄인인 우리들 한 사람 한 사람을 들여다보시고 말씀하십니다.

"일어나라!"

주님께서 우리 각자에게 우리의 삶을 들어 그것을 아름답게 또는 어렵게 만들면서 계속 나아가라고 이렇게 말씀하십니다. "두려워하지 말아라. 네 들것을 들고 걸어가거라." 그리고 물가에 와 있음을 기억하고 기쁨으로 당신의 갈증을 푸십시오.

주님께서 우리가 일어나도록 도와주시기를, 구원의 기쁨을 우리가 알도록 도와주시기를 간청하십시오.[3]

---

3) https://www.vatican.va/content/francesco/en/cotidie/2017/documents/papa-francesco-cotidie_20170328_dried-out-roots.html 2017.3.28. 교황 프란치스코 강론 일부 발췌

"내 아버지께서 일하고 계시니
나도 일하고 있습니다."
(요한 5,17)

예수님가 대체 누구냐는 질문은 오늘날까지 계속되고 있습니다. 묻는 의도가 어떻든지 간에, 시대와 문명의 발전에도 불구하고 2,000여 년 전 나자렛 예수님가 지니신 그 신비로운 영향력에 대해 현대인들은 호기심을 감추지 못합니다. 인류 사회를 혁신적으로 변화시켰다거나, 엄청난 부와 명예로 세계적 반향을 일으킨 것도 아니었지만, 그분이 '세상에 지른 그 불'이 인류를 밝게 비춰주고 안내하고 있음은 사실이기 때문입니다.

오늘 복음에서, 주님께서는 당신의 신성과 권위, 영원한 생명의 약속과 이에 대한 믿음을 말씀하셨습니다. 첫째로, 아들과 아버지의 분리될 수 없는 긴밀한 관계를 강조하시면서, 지금 하는 일들이 곧 아버지께서 하시는 일과 다르지 않다는 사실을 가르칩니다. 다시 말해, 두 분의 본질이 같다는 것입니다. 둘째로, 예수님께서는 당신이 하는 일들이, 결코 혼자만의 생각과 결정에 따른 것이 아닌 하느님 아버지로부터 부여받은 권위에서 실천되고 있음을 공공연하게 밝히십니다. 다시 말해, 예수님은 그 존재 자체로 아버지께서 원하신 뜻이라는 것입니다. 셋째로, 그 뜻에 부합하는 믿음과 실천이 우리에게 제시됩니다. 그분을 믿고 그 입에서 나오는 말씀과 행동을 똑같이 실행하는 사람에게 영원한 생명을 약속하셨습니다. 다시 말해, 지금 아버지와의 관계가 흐트러진 인류 공동체는 예수님께 대한 믿음으로 그 관계를 회복할 수 있도록 초대하셨습니다. 결과적으로 주님을 불편하게 여기며 믿지 않으려는 사람은 그 관계 회복의 기회조차 얻지 못해 계속 죄인으로 머무는 단죄의 심판대 앞에 서 있는 사람으로 남게 된다는 말씀입니다.

베네딕도 16세 교황께서는 회칙 『하느님은 사랑이십니다.(Deus Caritas Est)』에서 다음과 같이 말씀하셨습니다. "그리스도인이 된다는 것은 윤리적 선택이나 고결한 생각의 결과가 아니라, 삶에 새로운 시야와 결정적인 방향을 제시하는 한 사건, 한 사람을 만나는 것이다."

오늘 복음을 듣는 모든 이들이, 자신의 생명, 곧 '살아있음'에 대해 다시 한번 성찰할 기회가 주어지길 기도합니다. 진정한 삶의 시작은 아버지의 뜻을 헤아리고, 아드님을 만나 그분이 지상에서 행하신 사건에서 성령의 도움으로 하느님과의 관계를 회복하면서부터 시작될 것입니다. 이 시작을 위해 오늘도 아버지께서 원하시는 바를, 예수님께서도 우리를 통해 일하십니다.

"모세를 믿었더라면 나를 믿을 것입니다."
(요한 5,46)

공생활 시작 때 예수님의 나이를 서른 살로 알고 있습니다. 당시 율법을 준수할 수 있는 만 13세 이상이면, 결혼할 수 있던 시기라 서른 살이 적은 나이는 아니지만, 그렇다고 예루살렘 성전의 그 권력들을 뒤집어 놓을만한 위력 있는 나이도 아니었습니다. 주님께서 성전의 장사치들을 쫓아내셨을 때, 그리고 세례자 요한과 비교당하시면서 하늘의 표징을 요구하는 율법학자들의 텃세에 몰리셨을 때 이러한 질문을 받으셨습니다. "네가 뭔데?", "네가 뭐라도 돼?" 성경은 이를 점잖게 표현합니다. "당신의 그 권위가 어디서 나오는 거요?"

오늘 복음에서, 예수님께서는 드디어 당신의 권위가 어디서 나오는지 그 출처를 명확히 밝히십니다. 이미 여러 기적과 치유, 예언자들의 말씀과 일치된 행동으로 당신의 권위가 그 누구도 부정할 수 없을 만큼 명백히 드러났다고 밝히십니다. 우상이나 마귀들의 힘이 아니라, 바로 그 시대 그 사람들이 그토록 열심히 성경을 연구하고 기도했던 신! 바로 그 하느님에게서 나왔음을 똑바로 보라고 말씀하십니다. 그러나 당대 유다인들의 지도자들부터 주님을 비방하면서 믿지 않으니, 이들을 무시할 수 없었던 평범한 유다인들의 생각은 오죽하겠습니까. 그들은 지도자들의 불신 때문에 명백한 증거들에도 주님이 누구신지 갈피를 못 잡고 있었습니다. 여기서 주님은 다시 한번 당신의 사명과 걸어갈 길에 대해 거침없이 돌진하십니다.

"아버지께서 나를 보내셨다. 모세가 증언한 사람이 바로 나다. 모세의 율법에 그토록 충실한 너희라면, 내 말이 '들릴' 것이다."(요한 5,36-47 참조)

주님 사명의 일차적 대상은 유다인들과 이스라엘 백성이었습니다. 페니키아 여인에게 하신 말씀에서 얼핏 드러납니다. "당신 구원의 빵은 우선 자식들의 몫이 되어야 하며 이방인들은 그다음이어야 한다." 그만큼 주님의 동족이자, 하느님의 백성들을 먼저 생각하셨습니다. 그러나 바오로 사도가 그러했듯이, 이들의 거부와 불신이 인류 전체의 구원으로 넓혀지는 신비를 우리는 살고 있습니다.

사순 제4주간 목요일

　오늘 요한이 전한 예수님의 권위와 당신에 대한 말씀은 일종에 호소입니다. 하느님의 '권위'가 박살 나는 십자가 사건을 통해, 도리어 하느님의 '권능'이 드러난 주님의 '위대한 어리석음'을 묵상하는 하루 되시길 바랍니다.

"악인들은 옳지 못한 생각으로
저희끼리 이렇게 말한다."

(지혜 2,1)

　　제가 존경하는 프란치스코 교황님께서는 십자가의 패배와 승리에 대해 자주 묵상하셨습니다. 십자가는 완전히 패배한 것 같지만 승리한 사건이자, 복음의 역설 중 가장 위대한 역설임을 다음과 같이 표현하십니다.

　　"교회 교부들이 말한 것처럼, 사탄은 예수님께서 매우 나쁜 상태에 있는 것을 보았고, 낚싯바늘에 걸린 미끼를 쫓아가는 굶주린 물고기같이 그분을 집어삼켰습니다. 그러나 그 순간에 사탄은 또한 그분의 신성도 삼켰습니다. 미끼인 줄도 모르고 삼켰습니다. 그 순간 사탄은 영원히 파괴되었고 이제 그는 별로 힘이 없습니다. 십자가는 승리의 표징입니다." [4]

---

4) https://www.vaticannews.va/en/pope-francis/mass-casa-santa-marta/2018-09/pope-francis-mass-santa-marta.html 2018.9.14.(성 십자가 현양 축일) 교황 프란치스코 강론 일부 발췌

오늘은 복음 말씀보다, 독서로 읽은 지혜서에서 나오는 의인들의 승리에 대해 묵상하면 좋겠습니다. 타락한 인간 본성은 악마들이 이용하기 좋은 도구가 되었습니다. 악의 종살이 하는 인간은 자신들의 불의가 의로운 이들을 통해 드러나자, 바로 서 있는 이를 넘어뜨리기 위한 온갖 비뚤어진 생각을 하기 시작합니다. 우선, 이들의 사고방식은 삶과 죽음에 대해 세속적이고 비관적입니다. 삶을 우연의 산물로 보고, 죽음 이후의 존재를 부정하면서 쾌락 추구와 자기중심적 생활방식을 고수합니다. 매사에 자기중심적이라, 자신의 사고와 생활방식을 모든 이들에게 적용합니다. 바르고 정결하게 살아가는 사람들을 겉으로만 그런척하며 사는, 내면에 타락을 숨긴 위선자들로 취급하기 시작합니다. '너희들도 어쩔 수 없어'라는 합리화 때문에 올바른 사람들을 오해하고 왜곡된 시선으로 바라봅니다. 그러니 불편해지는 감정을 주체할 수 없습니다. 바른 양심을 훼손하려 들고, 인내심을 시험하며 시샘합니다. 보통은 비수 섞인 조롱과 불필요한 말로 그러합니다. 화살처럼 박히는 말 때문에 올바른 이들의 정의로운 의지는 꺾이고, 선한 마음까지도 오염되기도 합니다.

창세기, 아담과 하와를 유혹했던 교활한 뱀은 그 자식 세대로 숨어 들어갑니다. 카인이 저지른 잘못에서 우리는 이와 같은 불의한 이들의 폭력을 찾아볼 수 있습니다. 원죄 '교만'

에 이어, '질투와 시샘', 그리고 '하느님을 시험하려는 죄'입니다. 그분을 뒤따르려 노력하는 선한 이들에 대한 시험과 박해는 곧 하느님께 대한 시험과 박해와 같은 것입니다. 십자가에 매달려 고통으로 짓눌린 예수님에게 "거기서 한번 내려와 보시오." 하고 시험했던 이들 모두, 주님께서 이 패배 속에 '승리' 하셨음을 알지 못했습니다. 우리 안에서도 기회를 엿보고 있는 이 불의한 기운을 들춰내어 도리어 선행을 위한 도구로 사용합시다.

시편 말씀처럼, '악인들은 지붕의 풀처럼 어느덧 말라서 없어질 것입니다.'(시편 129,4-6)

"누가 그를 믿더냐?"
(요한 7,48)

"우리 중에 누가 그를 믿더냐!?" 오늘 복음에서 최고 의회 의원들의 오해와 같이, 오늘날 신앙인들에 대한 '세상'의 오해와 미움은 결국 '예수님'에 대한 편협한 판단 기준과도 맞닿아 있습니다. 여기서 말하는 세상이란, 지금은 교회라는 영역 밖에 있지만, 미래 세대에 교회로 들어올 가능성이 있는 많은 사람을 포함합니다. 사도 바오로도 한때 교회의 울타리 밖에 있었던 매우 편협하고 보수적인 시각의 소유자였습니다. 그 때문에 그는 성경에 정통했어도, 예수님를 통해 드러난 하느님의 뜻은 몰랐고 그분이 대체 누구인지 알지 못하면서 판단하고 단죄했습니다. 그러나 주님을 알고 그분을 보내신 하느님의 진정한 사랑과 자비를 체험한 결과, 눈에 겹친 '어둠'의 비늘을 떼어내고 교회 안으로 들어올 수 있었습니다.

세상에는 하느님을 잘 모르기에, 예수님의 이름을 욕하고 배척하는 이들이 있지만, 우리의 신앙생활, 수도생활을 본받고

자 노력하는 호의적 비신자들도 분명 존재합니다. 어떤 곳에서는 물 한 컵의 친절과 환대를 받을 수도 있지만, 반대로 불친절과 모욕까지 받을 수도 있다는 사실은 당연합니다. 사람들의 냉소에 놀라고 그들의 험담에 상처받고, 그 상처에 매우 아파하시는 분들이 있는데, '종은 주인보다 높지 않음'을 기억하면서 경상도 말로 '마음 단디 먹으며' 각자의 자리에서 복음을 선포하시면 좋겠습니다.

우리나라에 이제는 복음이 전해지지 않는 곳이 없어 보일 만큼 가톨릭이 성장한 한 것 같지만, 아직도 많은 이들이 하느님과 그분이 주신 생명의 말씀을 모르거나 잘못 알고 살아갑니다. 세상의 판단 기준에 놀라지 말고, 언제 어디서든지 그분을 드러내는 데에 주저함이 없도록 용기를 내어, 오늘날에 맞는 새로운 언어로 복음을 전할 수 있는 은총을 청하도록 합시다.

사순 제5주일

"아버지,
저는 바로 이때를 위해서 왔습니다."
(요한 12,27)

몇 년 전, 대구 주보에서 부탁을 받아 기재했던 원고 하나를 소개합니다. 수도원 본원에 있을 때부터 제가 아침에 눈을 뜨면 아침기도가 시작되기 전까지 묵상하는 구절이 오늘 복음 말씀 가운데 한 구절입니다. "저는 바로 이때를 위하여 온 것입니다."(요한 12,27) 이번 사순 제5주일은 이 말씀을 계속 묵상하면서 썼던 원고를 함께 나누고자 합니다. 당신의 수난과 죽음을 아시면서도 그 길을 아버지께 의탁하신 주님의 오늘 말씀이 이제 다가오는 성주간 우리의 마음을 다시 한번 성찰하게 만듭니다.

사실 저의 주관적 해석이 많이 들어간 그동안의 강론이 수녀님들의 복음 묵상에 행여 방해가 되지 않을까 늘 염려스러운데, 오늘 더욱 그러하다는 고백을 드리며 한 번 들어주시면 고맙겠습니다.

사순 제5주일

이번 주간 원내 봉사자 명단에 내 이름이 적혀 있는 걸 보고 한숨이 나온다. 수도원은 갖가지 원내 중요한 임무들을 주간별로 배정한다. 크게 성당과 식당으로 나누어 복사, 독서, 청원기도, 식당 봉사, 식당 독서로 공동체에 필요한 필수 봉사를 한 주간 담당하여 물 흐르듯이 생활하고 있다. 수도원을 찾는 손님들을 그리스도처럼 환대하라는 영성이지만 환대하러 나갈 사람이 적어진 시대가 되었다. 그러니 가뜩이나 맡은 소임도 바쁜데, 자주 돌아오는 주간 봉사를 기쁘게 받아들이지 못한 나약한 본성은 불평의 한숨을 입 밖으로 새어 나오게 한다.

이처럼 불평의 악습이 고개를 들 때, 난 그 상황에서 예수님은 어떻게 하셨을까 생각한다. 일단 시간을 버는 것이다. 불편한 감정을 누그러뜨리고 흩어진 이성의 조각들을 다시 맞추는 동시에 믿음의 활력을 되찾기 위함이다. 수도자들 모두가 어린 양의 양순함을 닮기 위해 여기 왔지, 결코 염소처럼 불편하게 칭얼거리며 자신이 섬김받으러 온 사람들이 아니다. 제 자리에서 나름대로 말씀을 기꺼이 실천하며 생활하고 있다. 내 시야가 거기까지 닿지 못할 뿐이다. 머릿속에 불평이 시작되면 내면은 이미 감정의 바다가 세차게 출렁인다. 근래에 들어서야 이 바다를 잠잠하게 만드신 예수님이 호령이 가슴에 와닿았다. "잠잠해져라. 조용히 하여라."(마르 4,39) 그래, 그분이라면 어떻게 하셨을까. 그분은 제자들의 배신과 줄행랑을 미리 내다보고서도 다음과 같은 말씀으로 자신을 바로 세우셨다. "나는 바로 이때를 위하여 온 것이다."(요한 12,27) 그분은 우리 가운데 시중드는 이와 같은 자리에 계셨다. 그 낮은 자리에 계시길 원하기만 한 것이 아니라 실제 거기에 계신다. 봉사가 비어 있는 자리에 나를 초대하신 그분 손길을 두고 불평부터 터뜨리는 내 약한 본성은 얼마나 더 정화되어야 하는 걸까. 그분은 모두가 자신을 외면하고 돌아선 가운데에서도 십자가를 통한 인류 구원의 '서비스'를 완성하셨다. 자기를 다스려 스스로 낮은 곳에 내려간 왕 다운 면모를 잃지 않으시고, 대사제로써 아버지께 바치신 '희생과 봉사'를 결코 중도에 포기하지 않으신다. 이제 그분을 본 따르는 '하느님의 어린양'들이 세상을 향한 크고 작은 희생과 봉사로 하느님이 살아계심을 예언자답게 선포하고 있다. 우리는 바로 이 섬김과 희생의 때를 위해 온 것이다.

수도원 주간 봉사자 명단에 내 이름이 있다는 것은, 이 공동체의 일원으로써 주님의 제자라는 명백한 증거다.

사순 제5주일

사실 봉사자의 자리가 비어 있던 적은 없다. 늘 누군가 채우기 때문이다. 모두 한 목자 아래, 한마음으로 말씀을 실천하며 살고 있으니, 수도 여정이 세상살이보다 더 평화로운 일상의 은총을 영위하나 보다. 이제 섬김의 때가 오면, 정화의 기회로 삼아 그분 은총에 풍덩 빠져보련다.

(대구 주보 2022년 9월 24일, 연중 제23주일)

> "당신들 가운데 죄 없는 사람이
> 먼저 돌을 던지시오."
> (요한 8,7)

인간은 누구나 자기 삶의 자리가 불편해지면 불평과 불만을 품게 됩니다. 그 마음을 강물처럼 흘려보내는가, 저수지 마냥 담아두는가에 따라 말과 품행이 달라지는 것 같습니다. 우리 수도자들도 인간이기에, 불만족을 자기 안에서 소화하지 못할 때가 많습니다. 그런 불안정한 마음은 무의식을 타고 행동이나 말로 역류하게 되어 있는데, 그 가운데 가장 불편한 모습은 남의 험담을 대수롭지 않게 하는 것이 아닐까 합니다. 뒷담화가 일종의 자기 정화의 과정이라 생각하는 사람들이 의외로 많습니다. 경직된 사고를 이완시키는 일종의 배출구라고 생각합니다. 혹자는 필요악이라는 표현을 여기에 갖다 붙입니다만, 교황님도 우리 모두에게 엄중히 경고하셨습니다. 험담의 기본 전제는 남에 대한 즉결심판에 있지 않나 싶습니다. 우리의 사부 성 베네딕도께서는 규칙서에서 "성인으로 불리우길 바라지 말고" 그 삶을 직접 살라고 말씀하셨습니다.

오늘 간음한 여인에 대한 복음은 여러 면에서 두 가지가 서로 대비되고 있습니다. 죄로 끌려온 한 여인이 중앙에 있고 법에 충실한 이행하려는 이들과 땅바닥에 낙서나 하시며 판결을 미루시는 예수님의 모습이 대조를 이룹니다. 한편 예수님을 중앙에 두면, 고발하는 이들의 무리와 고발당한 한 사람이 대조를 이룹니다. 또 하나의 대조는 바로 인간의 정의와 하느님의 자비가 마주 보고 있습니다. 정의와 자비의 관계, 오늘 복음의 중요한 메시지입니다.

정의는 인간 생활에 가장 중요한 가치 덕목입니다. 악은 반드시 그에 합당한 징벌과 책임을 져야 하고, 선은 그에 합당한 하느님의 돌아보심이 있을 것이란 '상선벌악賞善罰惡'은, 교회가 가르치는 4대 교리 중 '정의'에 속합니다. 다만 이것만 가지고 교회의 믿음을 설명하다 보면, 편협해지고 사람들의 이해도 얻지 못합니다. 선한 이들의 고통과 악한 이들의 편안함은 오늘날까지도 사람들의 종교심을 의구심으로 바꾸는 하나의 걸림돌이 되었기 때문입니다. '상선벌악'은 반드시 '강생구속降生救贖'으로 보완되어야 합니다. 성탄의 신비가 드러내는 하느님의 자비가 인간의 정의와 연결됩니다. 하느님께서는 인간들이 말 잘 듣고 착한 일만 하기에 상으로 당신 아드님을 보내신 것이 아닙니다. 그분이 제시한 길에서 자꾸 어긋나고 벗어나기 때문에 용서와 화해로 당신께 돌아오도록 아드님을 통해 호소하신 것입니다. 정의의 잣대만 들이밀었다 간, 인류는 희망도 사라진 채, 더 이상 구원받을 길이 없다는 걸 알고 계셨기 때문입니다. 바로 하느님의 변치 않는 인간에 대한 사랑과 자비가 여기서 드러납니다. 정의의 발현이 곧 법입니다만, 최상의 법은 곧 '자비'인 것입니다.

다시 복음으로 돌아가 만일 정의대로만 보자면, 율법이 정한대로 남녀가 함께 붙잡혀 와야 정상인데 그렇지 않습니다. 예수님께서는 이를 대번에 아십니다. 그들이 일종의 고발 거리를 찾고 있다는 사실도 알고, 그들의 이기적 태도를 세심하고 민감하게 관찰하십니다. 아울러 간음한 여인의 담담한 태도에서 동정과 연민을 느끼십니다. 그녀는 지금 누구도 원망하고 있지 않는 듯합니다. 심지어 상대 남자에 대한 분노 역시 포기한 듯 보입니다. 간음녀라는 죄를 옴팡 뒤집어쓴 사람에게 냉대와 심판보다는 온정의 손길이 모든 이의 양심을 건드리고 있습니다. 당시 구약시대 사회 통념에 따르면 하느님의 정의는 대단히 중요했습니다. 온 백성은 오직 '상선벌악'의 기준에 따라 율법을 지켜야 했습니다. 이스라엘의 구원과 직결되었다고 생각했기 때문입니다. 하지만 구약성경에도 곳곳에 하느님의 자비가 스며들어 있습니다. 예수님께서는 당시 수많은 법조문 탓에 꽁꽁 감추어진 하느님의 자비를 다시 꺼내어 보이십니다. 그리고 하느님의 정의만을 내세워 대죄大罪 뒤에 숨은 비겁한 소죄인小罪人들에게 말씀하십니다. "너희 가운데 죄 없는 자가 먼저 저 여자에게 돌을 던져라." 이 한 마디 때문에 돌을 집어 든 모든 이들의 심성이 자극됩니다. 특히 나이가 많아 잘 변하지 않는 완고한 마음의 소유자들부터 손아귀에서 돌을 놓습니다. 사람의 마음을 돌리는, 세상에서 가장 어려운 기적이 벌어집니다.

우리의 삶에서도 마찬가지입니다. 친한 이들, 자신의 의견에 무조건적인 동의와 지지를 해주는 사람들만 불러 모아 앉아서 마음에 걸리적거리는 사람을 주제로 수군거리는 것이 결코 하느님 보시기에는 좋아 보이지 않을 것입니다. 우리가 남을 향해 던질 수 있는 그 돌을 끝까지 놓지 않는다면, 그 돌은 반드시 다시 돌아오기 마련입니다. 우리 역시 고발하는 자가 되어야 합니다. 그러나 불의와 악습에 대한 고발이지, 사람 자체에 대한 고발이 아닙니다. 충분한 대화 없이 뒤에서 하는 험담으로 그 사람이 변화될 것이란 기대는 접는 것이 상책입니다. 내가 할 수 있는 최대한의 간절한 기도와 실천적 모범으로써 사람의 변화와 회개를 기대하는 편이 더 낫다는 말씀입니다.

우리도 하느님처럼 기다려야 합니다. 인내와 기다림이 바로 그분 자비의 모습이기 때문입니다. 예수님께서는 십자가의 자비로 우리 모두를 기다리고 계십니다.

복되신 동정 마리아의 배필 성 요셉 대축일

요셉은 주님의 천사가 명령한 대로 하였다.
(마태 1,24)

요셉 성인은 예수님을 제외하고 성경에 모든 인물을 통틀어 어쩌면 가장 믿음직한 인물이 아닐까 합니다. 깨끗하고 가난한 마음, 온유와 평화를 찾는 마음, 의로움과 진리를 살아간 요셉 성인으로 말미암아, 예수님의 진복팔단眞福八端 가르침이 더 힘을 얻었을지도 모르겠습니다. 성인의 삶과 숨겨진 덕행은 이 시대를 살아가는 신앙인들이 본받을 모습이자 영적 감수성을 깨어있게 만드는 중요한 이정표입니다. 자기를 드러내지 않으면 그만큼 손해 본다는 인식의 현대 사회에서, 떠들썩한 홍보나 광고는 비단 자본의 수단일 뿐 아니라 이제 마땅히 챙겨야 할 하나의 가치관처럼 되었기 때문입니다.

오늘 복음은 그리스도의 탄생 일화와 함께, '남모르게 파혼'할 결심으로 마리아의 일을 여기저기 소문내고 싶지 않았던 요셉의 배려가 드러납니다. 이는 결혼을 앞둔 사람이 쉽게 내릴 수 있는 결정이 아니었습니다. 우리는 처녀의 몸에 아이가 있다는 사실을 알고 난 뒤, 밀려오는 그의 복잡한 심정에 대해 알 길이 없습니다만, 성인은 하느님께서 천사를 통해 지시한 방향을 선택함으로써 자신의 미래를 송두리째 의탁합니다. 그의 '과묵함과 올바름, 그리고 성실함'은 마리아가 처음 받아들인 순종과 여러모로 닮았습니다.

교회 여러 성인 가운데, 자신에 대한 기록이나 언급 자체를 마다한 성인들이 많습니다. 우리의 사부 베네딕도 성인이나 스콜라스티카 성녀 역시 규칙서 외 자신에 관한 아무 기록도 남기지 않은 점이 더욱 그분들의 삶이 추구한 복음적 행방을 드러나게 했습니다. 아무리 숨긴다고 한들, 등불이 켜지면 됫박으로 뒤엎는 것이 아니라 등 상 위에 얹어서 세상을 비출 수 있도록 하시는 분이 바로 우리가 믿는 분입니다. 보이지 않는 곳에서 묵묵히 자신의 소명을 다하셨던 주님의 일꾼 요셉 성인을 닮아, 겸손하게 자신을 낮추어 세상의 어둠을 몰아내고 있는 이 시대의 숨은 봉사자들, 감추어진 빛의 자녀들, 드러나지 않는 정의의 일꾼들을 기억해 주시기 바랍니다.

> "진리가 여러분을 자유롭게 할 것입니다."
> (요한 8,32)

우리 각자는 이 세상을 비슷하게 인식하지만 각기 다르게 만들어가는 하나의 '세계'입니다. 가톨릭적 인간 존엄성의 뿌리가 되는 '하느님 모상성'은 바로 이 '개개인의 삶'이라는 자리에서 각자가 만들어가는 '개별적 세계'에 대한 깊은 존중도 포함하고 있습니다. 따라서 주어진 생명이 다해 그 세계가 닫히는 그 날까지, 우리는 창조된 피조물의 아름다움, 시간과 공간이 빚어내는 빛과 어두움 등을 다채롭게 경험하며 자신만의 세계에 충실한 책임을 지고 걸어가야 합니다.

오늘 복음에서 말씀하시는 우리가 깨닫게 될 진리는, 그분의 말씀에 충실히 머무르는 이들에게 약속된 상급입니다. 주님은 당신 부활로써 우리에게 주실 새 생명 안에 하느님이 직접 펼치실 나라를 약속하셨습니다. 지금 눈에 보이는 지상의 세계만이 전부가 아니라는 그 사실 하나만으로 우리는 죄의 종살이로부터 확실히 벗어날 수 있는 용기와 희망을 얻게 됩니다. 바로 이 초대에 응답하는 삶, 구체적으로 예수님 그리스도를 통해 드러난 삶의 방식 모두가 바로 복음이 제시하는 '진리'입니다.

복음의 '진리'는, 표면적으로 서로 순명하고 섬기려는 의지와 자세를 요청하지만, 더 밑바닥에 '사랑'을 깔고 있습니다. 헌신과 희생, 배려와 인내, 내 존재만큼 다른 이의 존재를 위해 주는 바로 그 실천의 순간이, 존엄하신 하느님의 빛나는 뒷모습을 찰나에 발견하는 순간입니다. 타인의 생명을 위해 내 생명을 내어줄 각오가 생기면, 주님께서 바로 내 잃어버린 생명에 영원한 생명이 되어 주실 각오로 다가오십니다. 지금까지 내 중심적으로 살아온 삶의 방식을 과감하게 벗어던지고 하느님과 이웃, 오늘날 피조물을 위해 기꺼이 봉헌하는 삶에서부터, 바로 우리의 새 생명이 시작되는 것입니다.

아브라함을 최고의 조상으로 모셨던 유다인들과 달리, 하느님을 곧바로 아버지로 부를 수 있게 하신 그분의 자비에 새삼 감사한 하루 되시길 바랍니다. 우리의 부족한 모든 것을 채워주시고 더 가까이 다가오길 원하시는 하느님께서, 이제 형제자매들에 대한 존중과 사랑을 통해, '너와 나의 세계'를 연결하고 '진리의 자유로움'을 더 하라고 아버지로서 당부하십니다.

이 초대에 기꺼이 응답할 수 있는 용기와 은총을 청합니다.

"들어라, 아들아!"
(수도규칙 머리말 1,1)

    사부께서 귀천 후 1,500년 가까운 시간이 흘렀습니다. 혼탁한 세상을 복음과 수도정신으로 정화하셨고, 규칙서와 정주생활로 유럽 문화의 기틀을 마련하셨으며, 1884년 당신의 제자 암라인 신부를 통하여 지금은 선교 사명까지 수행하게 되었습니다. 1909년 이곳 아시아의 변방 조선에 수도생활의 터를 닦았던 우리 선배들이 전쟁으로 자리를 옮겨 정착한 지, 올해로 115주년입니다. '정주'하며, 실천한 '순명의 노고'가 역사와 전통을 만들었고 교회와 세상에 영적 생기를 불어왔으며 그 뒤를 따라가고 있는 많은 후배 수도자들이 이제 각자의 수도 여정에서 하느님을 찾고자 하는 '정진'의 생활을 이어가고 있습니다. 역사를 돌아본다는 것은 단순한 회상이 아니라 주님의 은총을 발견하는 놀라움의 성찰이자, '주님께 노래하는 새로운 노래'를 부르기 위한 풍요로운 유산이 될 것입니다.

사부 성 베네딕도 별세 축일

　현대는 다양한 삶의 방식을 선택할 수 있는 시대입니다. 그 가운데 오늘 복음에서 믿는 이들을 위해 기도하신 주님께서는, 당신의 자녀들이 현세적 삶의 모든 것에서 자유롭길 바라신 그 '참된 사람살이'의 세 가지 방향을 베네딕도 성인을 통해 알려주셨습니다. 첫째로 베네딕도회의 수도 여정이란, 세상에서 얻을 수 있는 마땅한 권리와 보상을 내려놓고 낮은 곳에서 보이지 않는 영원한 것들에 더욱 마음을 쓰는 여정입니다. 바오로 사도의 말씀처럼, '그리스도의 사랑이 우리를 다그치기'에 그 사랑을 향해 나름 전력으로 달려가고 있습니다. 그렇기에 주님께서 '지금 오늘' 불러주신 그 자리에서 최선을 다한 회심의 생활로 나아가야 하겠습니다. 둘째로 이러한 베네딕도회 수도 여정에서 회심이란, 베네딕도 성인의 탁월한 균형 감각 안에 자리합니다. 내세의 상급을 위해 현세적 삶을 무시하지 않습니다. 아시다시피, 그분은 자신이 체험한 '하느님 사랑의 감미로움'을 제자들 역시 체험하도록 이끌어주시고, 동시에 현세에서 써야 할 것들에 대한 지나친 부족이나 무분별한 낭비를 경계하며 모든 것을 '제단에 축성된 그릇'처럼 여기도록 당부하셨습니다. 셋째로 이러한 '하느님 사랑의 감미로움'을 발견하기 위한 지름길로 겸손의 덕행을 지체 없이 실행하는 것이 필요합니다. '성인이 되기 전에 성인으로 불리길 바라지 말고, 참으로 성인으로 불릴 수 있는 사람이 되라'는 규칙서 말씀처럼 '참된 사람살이'는 겸손에 바탕을 둔 실천적 기본자세에서 완성될 것입니다. 형제들이 서로 순명하며 섬기는 삶은 사부 베네딕도 성인의 제자들이 평생을 두고 점차 완성해나가야 할 일생의 과제임을 항상 기억합시다.

　이 밖에도 규칙서의 여러 구절은, 성인이 말년에 내적 평화PAX를 이루며 체험한 하느님의 눈으로 목격했던 범 우주적 차원의 모든 것을 바로 당신의 제자들 역시 꿰 뚫어보길 바라는 마음이었습니다. 세상 모든 것을 한눈에 바라본 그 위대한 통찰력과 광범위한 포용성이야말로, 인간이 하느님 모상성을 회복한 위대한 결말을 상징적으로 드러냅니다. 이러한 베네딕도 성인의 삶과 영성은, 복음의 진리 안에 굳건한 바탕을 두고 모든 인간이 지닌 하느님 숨결의 흔적을 찾을 수 있도록 하나의 길이 되어 1,500년의 역사를 초월해 지금 우리에게 제시됩니다. 세상은 다양한 삶의 방식을 제시하면서 갖가지 것들에 집착하라고 유혹하지만, 우리는 믿음에 기초한 단순하고 자유로운 삶의 방식으로 살아가며, 형제들 안에 아로새겨진 하느님의 거룩한 흔적들을 찾아가는 '섬김의 학원', '참된 사람살이'를 위한 영적 교육의 자리에 머물고 있습니다.

　우리의 주님은 '누구나, 특히 믿는 이들이라면 불소금에 절여'지길 바라셨습니다. 그동안 그래왔지만, 앞으로는 더욱 베네딕도회 모든 정주의 자리가 영적 정화의 자리가 되었으면 합니다.

오래전 베네딕도 성인이 몬테카시노의 우상 제단들을 허물고 그 자리에 마르티노 성인과 세례자 요한에게 봉헌했던 제단과 경당의 의미를 다시 기억했으면 합니다. 근래에 많은 청년 신자들과 대화해 보면, 지나친 개인주의와 정보화의 쓰나미에 떠밀려 세상에서 도태되어 버릴까 하는 불안감 때문에 '가시덤불 속 신앙'을 힘겹게 이어가고 있음을 느낄 수 있습니다. 그들이 쓰는 일상의 언어에서부터 거룩함을 혼탁하게 만드는 단어들로 변질되어 있음을 쉬이 발견합니다. 오래전 우리의 사부님처럼, 오늘날 젊은이들 안에 우둑하니 서 있는 우상들을 허물고 거기에서 참된 하느님을 발견하도록 안내하는 정화의 작업이 필요합니다. 비단 청년들뿐만 아니라, 급변하는 세상에 사는 모든 신앙인에게 회개와 정화를 위한 환대는 물론이고 보살핌이 필요해 보입니다. 베네딕도 성인의 영성을 통해 세상을 복음화하는 일에 특별한 사명감을 가져봅시다. "들어라. 아들아!" 하느님께서 우리 각자의 고유한 특성을 도구 삼아 세상을 정화하고 당신께 돌아오기 위한 예언자적 소명에 귀를 기울입시다.

감히 단언하건대, 저를 비롯해 베네딕도 성인의 제자들인 여러분 모두가, 세상에서 선택할 수 있는 다양한 생활방식 가운데서 진짜 기쁨과 행복을 그 원천에서부터 길어 올릴 수 있는 최고의 선택을 하셨습니다. 제 삶에서는 분명 그렇고 또 그렇게 진행되고 있습니다. 올해 사부 성 베네딕도의 별세 축일을 기념하며, 특별히 '그리스도께서 살아가신 것처럼'(1요한 2,6) 주님께서 주실 좋은 몫을 얻기 위한 인내의 은총을 미사 중에 청하고 모두에게 베네딕도 성인의 축복과 전구가 늘 함께 하시길 빕니다.

사부 베네딕도 성인의 별세 축일은, 역사적으로도 로마 전례력과 베다 성인의 기록에 의해 굳혀진 축일입니다. 7세기 프랑스 플뢰리 수도원에서 성인과 스콜라스티카 성녀의 유해를 모셔 옮긴 날이 7월 11일입니다. 베네딕틴이라면, 사순시기에만 기념되는 성인의 축일을 성대하게 지내고 싶은 마음은 이해가 됩니다만, 수도자의 일상이 사순시기와 같아야 한다는 사부님의 가르침과 일치된 시기의 축일이 아닐까 합니다. 귀천하신 그날까지 당신이 쓴 규칙을 몸소 보여주신 사부 성 베네딕도의 영성에 깊은 감화를 느끼길 염원합니다.

사순 제5주간 금요일

"당신네 율법에 '내가 너희를 신이라 하였다'
라고 씌어 있지 않습니까?"

(요한 10,34)

진리의 영께서 믿는 이들에게 가장 먼저 하시는 작업이라면, 모든 사람이 지닌 '하느님의 모상'을 다시 비춰주시는 일이 아닐까 합니다. 세상 우두머리는 사람들의 눈에서 이것을 가려버렸고, 결과적으로 인간은 세상 넘어 영원을 잊어버린 채, 유한한 세계 속에서 영원함을 찾으려 온갖 어리석음을 저지르게 되었습니다.

오늘 복음에서 말씀 가운데, 주님께서 인용하신 '내가 이르건대 너희는 신이다'라는 구절은 시편 제82편 6절의 구절입니다. "내가 이르건대 너희는 신이며 모두 지극히 높으신 분의 아들이다."라고 우리는 성무일도에서 노래하고 있습니다. 여기서 '신'이란, 천상적 존재들 또는 제관들을 가리키는데, 유다교 안에서는 율법을 지키는 모든 이스라엘 백성에게도 적용했습니다. 예수님께서는 당신이 이 백성에 속해 있고 하느님께 파견된 자라고 하면 너희가 말하는 하느님께 대한 모독을 운운할 필요가 없다는 자기 신원에 대한 대변으로 이 구절을 인용하셨습니다.

인간의 하느님 모상성이 원죄의 상처로 나약해진 인간성 안에 감추어져 있습니다. 믿음으로 걸어가는 모든 신앙인이 하느님의 아들들임에도 세상에서 제대로 빛나지 못하고 있음을 주님께서 아십니다. 이제 우리의 모든 것을 짊어지고 스스로 죽음에 가까이 가십니다. 그러기 위해 오셨습니다. 곧 세상 우두머리와 어두움은 자신의 민낯을 고스란히 비추는 빛과 거울이 사라졌다고 기뻐하겠지만, 그분은 진리의 영으로 다시 오셔서 당신을 믿고, 선포하고, 살아가는 자녀들에게 이 세상 모든 것을 복음으로 올바로 비춰주는 거울의 사명을 주시고, 당신이 죽지 않고 살아있음을 기쁨으로 선포하게 하실 것입니다.

세상 넘어 세상 속으로 뛰어들어가 그 사명에 충실한 하느님의 자녀들이, 어두운 밤하늘의 반짝이는 별과 같이 더욱 영롱하게 빛날 수 있도록 은총을 청합니다.

"아버지, 저들을 용서하소서.
저들은 자기들이 무슨 일을 하는지
모르나이다."

(루카 23,34)

오늘 우리의 전례 모두와 주님의 수난 복음은, 하느님께서 성자를 통해 인류에게 내미신 화해의 손길이자 용서입니다. 사랑하는 마음 없이 결코 베풀 수 없는 하느님 구원의 이슬이, 이제 십자가를 통해 흘러내리려 합니다. 성자의 죽음으로 전해진 아버지 사랑의 위대한 메시지를, 감히 다른 말로 풀기보다 짧은 시 한 소절을 통해 조금 더 깊은 묵상으로 안내하고자 합니다.

고해소의 낡은 문이 열리고
화해의 작은 등이 켜지면,

당신의 고백 가운데에,
대체 왜인지 알 수 없는

인간의 무수한 상처들만
엷은 입술 넘어
귓가에 들려올 때,

그분과의 이 화해는 곧,
그 상처의 붉고 쓰라린
연약한 속살을 파고든

싫은 내 이웃과의
화해와도 다름없기에,

그럼에도 불구하고
용서하려는 마음가짐,
그 하나만 가지고서
조용히 문을 열고 들어온,

당신은 이미 충분히
그를 용서한 것이라
전해줍니다.

당장 그 상처들이 낫길 바라는
은총의 환한 빛을 바라겠지만,

주님 수난 성지주일

이 고해소의 낡은 문이 닫히고,
화해의 작은 등마저 꺼진 뒤에도,

변함없이, 끊임없이
나를 찌르는 그 아픔들을 부둥켜안고서
시간이 줄 무던함의 선물을 기다려보며,

우리를 위해 상처 입은 그분과
언젠가 마주할 자리를 준비하는 것.

그것이 당신이 원하는
용서라고 전해줍니다.

(자작시)

성주간 월요일

> "그대들이 언제까지나
> 나와 함께 있는 것은 아닙니다."
> (요한 12, 8)

죽은 이에게 다시 생명을 주시는 분이, 당신 자신은 정작 어린 양처럼 수난과 죽음을 담담하게 준비하고 계십니다. 나르드 향유를 아낌없이 부었던 한 여인은 제자들이 그토록 이해하지 못한 주님의 수난 예고를 자신은 이미 알고 있다는 듯 제자들 앞에서 묵묵히 주님의 발을 닦아드리고 있습니다.

라자로의 소생을 기억하는 사람들에게, 예수님께서는 모든 생명의 권한을 가진 분임이 나타냈지만, 인간들은 바로 그 소생 때문에 자신의 좁은 생각과 판단에 기대어 죽음의 권한을 행사하려고 결의하는 모습이 대조를 이룹니다. 베타니아의 한 여인을 제외하고 제각기 자신의 이익과 연계된 생각으로 행동하고 있는 모습입니다. 어쩌면 우리 시대에 깨어 있는 자와 잠들어 있는 자의 모습을 고스란히 반영하고 있는 것 같습니다.

성주간이 시작되었습니다. 주님의 때가 가까이 왔습니다. 주변에 가난한 이들이 마치 없는 것처럼 외면하려는 우리의 무관심을 깨우고, 또한 주님은 늘 우리와 함께 계셔야 마땅하다는 무뎌진 마음으로 정작 회심에 더딘 불신앙에서 깨어 기도하는 거룩한 시간을 시작하시기 바랍니다.

성주간 화요일

> "인자는 자신에 관해
> 씌어 있는 대로 떠나갑니다."
> (마태 26,24)

배신과 배반의 아이콘이 되어버린 유다 역시, 주님 성소에 응답했던 인물입니다. 그가 어떤 방식과 행동으로 주님의 부르심을 들었고 그 뒤를 따랐는지 복음은 자세히 말해주지 않습니다. 하지만 그도 예수님이 사랑하는 제자였기에, 여느 공동체에 있기 마련인 아픈 손가락 같은 존재가 아니었나 싶습니다.

오늘 복음뿐만 아니라, 유다가 저지른 실수와 악의적 고발은 성경에 공통적으로 기록되어 있습니다. 그때마다 주님은 도통 그에 대한 공개적 비난이나 악행을 드러내지 않으셨습니다. 내일 복음에서 듣게 될 구절, "사람의 아들은 성경에 기록된 대로 떠나간다"는 그분의 말씀대로 어쩌면 수난과 죽음의 직접적인 원인, 결정적인 계기는 따로 있었을지 모릅니다. 그 아픈 손가락의 배반으로만 기억되지 않길 바라셨는지도 모르겠습니다. 행여 그렇더라도 그의 회개와 뉘우침을 간절히 바라셨을 하느님이십니다.

사실 유다에 대한 진정한 부르심은 주님께서 잡히셨던 올리브 동산에서 그와의 입맞춤을 통해 드러납니다. 지금 번역된 성경에서 예수님은 유다에게 "친구야, 네가 하러 온 일을 하여라"라고 되어 있지만, 200주년 성서에는 "친구여, 무엇 때문에 왔는가?"라고 보다 정확한 의문형으로 번역되어 있음을 눈여겨 볼 필요가 있습니다.

세상에는 무엇 때문에 태어났고, 신앙은 무엇 때문에 가지게 되었으며, 자신의 삶을 봉헌하고자 선택한 것은 과연 무엇 때문인지 끊임없이 묻는 성찰이 우리에게 필요합니다. 이러한 자기 버림과 겸손, 그분 뒤를 따르고 있다는 명확한 인식 없이 우리는 끊임없이 그분을 배신하고 배반하면서도 그것이 정작 죄인지도 모르게 살아갈 수 있기 때문입니다.

베드로는 자신의 나약함에 굴복하여 주님을 세 번이나 모른다고 했지만, 끝내 주님께서 맡겨주신 임무에 충실하며 겸손되이 그분이 세우신 교회 안에 남아 있었습니다. 유다는 자신의 약함을 강함이라 착각하고 하느님을 자기 맘대로 움직일 수 있을꺼란 교만으로 끝내 자기 목숨까지 저버린 돌이킬 수 없는 죄 안에 머물렀습니다.

이 두 사람의 진정성의 차이 안에서 주님의 두 가지 말씀을 기억할 수 있습니다. '예. 라고 대답만 하고 아버지가 시킨 일을 하지 않은 큰아들과 아니요. 라고 답했지만 결국 그것을 했던 작은 아들의 비유' 아울러 '하느님의 나라는 어린이와 같은 마음으로 그분을 따르는 이들의 것'임을 함께 묵상하는 성주간 화요일 되시길 바랍니다.

성주간 수요일

"그대가 말했구려."
(마태 26,25)

제자의 결정적인 배신에도 끝까지 침묵하셨던 예수님께서, 오늘도 우리에게 성체로 당신 자신을 내어주시며 말씀하십니다. "나의 때가 가까웠으니 너의 집에서 파스카 축제를 지내겠다." 여러분 각자가 성령의 거처라는 바오로 사도의 말씀대로, 주님께서 거하실 우리 내면의 상태를 점검해보고 곁에 있는 형제자매들에게 불쑥불쑥 일어나는 나쁜 감정이나 생각들을 객관적으로 바라봅시다.

우리 신앙의 핵심, 주님 수난의 성삼일에 앞서 이제 각자 내면의 정화가 더욱 절실히 요청됩니다. 우리 안에 악한 생각과 감정들, 시끄러운 내적 소음에서 해방되기 위해 주님의 지혜를 오늘 복음에서 알아듣길 바랍니다. 주님께서는 유다처럼 악에 동의한 인간이 내뱉을 수 있는 위선과 책임 회피적 질문에 다음과 같이 대답하셨습니다. "그건(내 말이 아니라,) 바로 네가 그렇게 말하고 있다."

우리 회심의 출발점은 내 안에 원죄의 상처들이 끊임없이 시끄럽게 하는 그 입을 다물게 하는 데에서 시작할 것입니다. '저 사람은 내가 결코 용서하지 못하겠다, 화해하지 못하겠다'라는 포기와 비판적 생각에 동의하지 말고 제3자의 눈을 펼쳐 그 사람과의 관계를 멀찍이서 다시 바라봅시다. 자세히 보면, 어떤 이의 악의적 심산도 사실 지치고 억눌리고, 수치를 당한 이들의 나약함에 불과하다는 것을 하느님의 자비와 은총 안에서 깨닫게 될 것입니다.

주님 만찬 성 목요일

> "내가 하는 일을 지금은 그대가 모르지만,
> 나중에는 알게 될 것입니다."
>
> (요한 13,7)

'겸손은 진실이다.' 출처는 잘 모르겠지만, 아우구스티노 성인께서 하신 말씀입니다. 저의 군 생활 중 마주한 성인의 이 말씀 하나로 불의한 상황을 인내하며 버텨낸 것 같습니다. 수도원 입회 후 동기들과의 갈등이 있을 때도 마찬가지였습니다. 물론 그렇다고 모든 것이 유연하게 흐른 것은 아닙니다. 본디 젊은 시절 특유의 경솔과 자만한 언행이 오히려 내 주변을 더 힘들게 했을 텐데, 지금 와서 생각하면 그들은 저의 오만을 어떻게 참아줬는지 모르겠습니다. 그 당시 제가 이해한 성인의 이 말씀은, 그저 겸손이라는 덕행은 나 자신을 바로 보게 만드는 하나의 기교이자 방법이라 생각했으나, 이는 그보다 더 큰 의미를 담고 있는 진정한 주님의 가르침임을 차츰 알게 되었습니다. 겸손의 덕행은 우리가 평생을 두고 실천하면서도, 그 어느 한 지점에도 안주할 수 없는 깊은 바닷속 심해와도 같습니다.

주님 만찬 성 목요일

오늘 복음에서, 제자들을 앉혀놓고 자신은 허리띠에 수건을 두른 채 그들의 발을 씻겨주시는 예수님께서, 당신의 행동을 통해 마지막으로 가장 소중한 가르침을 전해주십니다. 베네딕도 성인께서도 이 부분에 대해 많은 부분을 할애하시며 자신의 규칙서를 완성하셨습니다. 그리고 그것을 따르고 있는 수도 형제들 안에 지속적인 감화와 덕행에 대한 갈망을 불러일으키셨습니다. '겸손'이란, 인간의 덕목 중 하나로, 자기의 한계를 인식하고, 타인의 가치와 의견을 존중하는 태도입니다. 이러한 겸손의 정신은 개인의 성장과 발전, 그리고 인간관계의 질을 향상하는 데 있어 중요한 역할을 합니다. 더 나아가 주님께서 보여주신 겸손은, 위대한 기적의 순간도 아닌 그저 평범함의 극치를 보여주고 있습니다. 그분께서 그동안 보여주신 하느님의 업적은 전능하신 능력의 발휘였습니다. 그러나 이는 그 전능하심을 지극히 낮추는 또 다른 의미에서의 전능하심을 보여주고 있습니다. '십자가의 어리석음', 다시 말해 가장 나약한 신분으로써 종의 형상을 하신 하느님께서는, 우리에게 자신의 거룩한 모습을 이처럼 올바르게 드러내셨습니다. 눈으로 볼 수 없는 분께서, 눈으로 볼 수 있는 피조물에게 당신을 종과 같은 모습으로 드러내신 것입니다. 열왕기에서 엘리야를 통해 보여주셨듯이 '엷은 산들바람'처럼 조용히 다가와 우리의 가장 더러운 부분을 씻겨주는 모습으로 찾아오셨습니다.

사도 바오로는 그리스도의 겸손함에 대해 다음과 같이 찬미하였고 우리는 그것을 성무일도를 통해 노래합니다. '그리스도 예수님은 하느님과 본질이 같은 분이셨지만 굳이 하느님과 동등한 존재가 되려 하지 않으시고 오히려 당신의 것을 다 내어놓고 종의 신분을 취하셔서 우리와 똑같은 인간이 되셨습니다. 이렇게 인간의 모습으로 나타나 당신 자신을 낮추셔서 죽기까지, 아니, 십자가에 달려서 죽기까지 순종하셨습니다.' 그리고 이러한 예수님의 마음을 우리도 간직하라고 강권하고 있습니다. 이러한 하느님의 자기 낮춤은 인간에 대한 절대적인 존중을 드러냅니다. 나 말고 타자에 대한 존중입니다. 당신의 거룩한 손을 우리에게 먼저 내밀어 그 누구도 범접할 수 없는 거룩한 인격에 다가오도록 초대하는 것입니다.

또한 당신과 마주한 그 누구의 의견이라도 경청하겠다는 열린 마음과 귀, 그리고 그들과 함께 이 구원의 공동목표를 함께 이루겠다는 동기 부여의 의미도 담고 있습니다. 그분은 사도들의 발을 씻음으로써 교회 전통으로 이어 내려갈 사제직의 고유한 본질이 무엇인지 알려 주셨습니다. 이제 곧, 성자께서 걸어가실 수난과 죽음 앞에서, '너희가 믿는 하느님이 이런 분이시다'라고 정의할 수 있는 가르침으로써 몸소 무릎을 꿇어 그들의 발을 씻어 줌으로써 드러내셨습니다. 동시에 당신을 믿는 이들로 하여금, 구원에 동참하는 길을 열어 주셨습니다다. 홀로 십자가를 짊어지고 가는 길 위에서도 끊임없이 우리 도움의 손길을 뻗어 함께 해 달라는 요청으로, 당신의 전능하심을 물리치고 사람들의 도움을 청하십니다. 처참한 십자가로 직접 가까이 와달라는 부탁이 아닌, 성체성사 안에 당신의 몸과 피가 거양되는 순간에 진심으로 마음을 다하여 그분을 바라보고 거기 머물 수 있는 존재가 되어 달라는 요청입니다. 이러한 주님의 초대에 응답한 이들은, 이제 각자 곁에 있는 형제들로 시선을 돌려 각기 나름의 관심과 사랑으로 서로 섬기는 사람이 되어주길 간청하셨습니다. 우리는 누구나 홀로 살아갈 수 없는 존재임을 인정하며, 자신의 한계를 부정하지 말고 있는 그대로 받아들이되, 타인에게 도움을 청하는 겸손으로써, '모든 이의 부족함과 한계를 받아줄 것'을 오늘 복음을 통해 말씀하셨습니다. 비록 지금은 그 누구도 깨닫지 못할 것입니다. 앞으로도 깨닫지 못할 수 있습니다. 그러나 주님의 겸손을 끊임없이 묵상한다면, 그분이 지닌 인간에 대한 사랑과 진실, 바로 '나'에 대한 진실, '타인'에 대한 진실을 깨닫게 될 것입니다. 제 강론이 중요한 것이 아닙니다. 주님께서 오늘 사도들을 대표하여 온 인류에게 선사하신 세족례의 겸손이 가리키는 방향에 대해 여러 번 묵상해야 할 것입니다.

겸손은 진실입니다. 바오로 사도가 지녔던 '타인을 나보다 더 낮게 여기는 마음'(필립 2,3)에는 거짓이 담길 수 없습니다.

주님 만찬 성 목요일

겸손함은 그동안 내가 남과 비교하며 바라보던 가식적인 나에 대해 깨끗한 거울이 되어줍니다. 우리는 각기 고유한 모습으로 창조되었기 때문입니다. 스스로 자만하며 하느님과 대등한 능력이라 여기던 그 모든 헛된 교만에서 진짜 자유를 선사합니다. 우리는 하느님이 아님을 알기 때문입니다. '이 정도면 충분하다'고 안주하려는 내 연약함의 뿌리로부터 새로운 도전의 뿌리가 솟아나게 만듭니다. 그 뿌리는 하느님께서 우리에게 심어놓은 잠재력이기 때문입니다. 아무도 하려고 하지 않는, 어렵고 더러운 일에 용기를 부여합니다. 그 어렵고 더러운 길 위를 걸어가신 주님께서 우리 곁에 함께 계시기 때문입니다. 슬픔으로 짓눌린 이들에게 다가가게 만듭니다. 연민과 공감의 마음은 이미 우리 양심 안에 있기 때문입니다.

겸손은 진정 모든 것이 우리 안에 이미 있음을 알게 하고, 지금 나의 모습을 직시하게 만들며, 앞으로 우리가 나아갈 방향의 나침반입니다. 지금 우리는 아무것도 명확히 알지 못합니다만, 분명 그분이 보여주신 겸손과 조금씩 닮아가도록 믿고 노력합시다. 주님께서 오늘 보여주신 겸손의 '본을 따라감'으로써, 자기를 낮춤으로 얻어질 참된 인간의 본질과 일치될 것이고 그것이 바로 우리가 지닌 하느님 모상성의 발현임을 기억합시다.

여기 계신 모두가 그분과 같이 수건을 허리에 두른 채 형제자매의 더럽혀진 발을 씻기 위해 기다리고 있는 종이 되길 기도합니다.

주님 수난 성 금요일

"칼을 칼집에 꽂으시오.
아버지께서 주신 잔을 마셔야 하지 않겠습니까?"

(요한 18,11)

해마다 성지주일과 성 금요일은 십자가에 아로새겨진 하느님의 사랑 이야기가 길게 낭독됩니다. '십자가에 못 박으시오!'라는 거친 구절은 그간 은총의 사순시기를 행여 헛되이 보내버린 우리의 나태를 똑바로 보라는 하느님의 음성이 아닐까 합니다. 오늘, 말씀의 전례와 십자가 경배예식으로 그분이 지니셨던 인간에 대한 '사랑과 자비와 열정'을 체험하게 합니다. 우리는 믿습니다. 감히 헤아릴 길 없는 그분의 고통이 무엇 때문이었는지, 그리고 인류에 대한 그칠 줄 모르는 사랑과 자비를 믿습니다. 오늘, 이 전례 안에서 우리의 삶을 돌아봅니다. 삶의 고통이 주는 무게와 십자가를 혼동하며 사는 것은 아닌지, 상처를 상처로 갚기 위한 복수를 준비하지는 않았는지, 하느님께 대한 실망으로 그분 화해의 손길을 일부러 거부하진 않았는지, 진리의 올바른 길을 알면서도 '배신의 은전 서른 낮'을 세상에 요구하며 그분을 시험하고 있었던 것은 아닌지 성찰합니다.

제1독서 이사야서에서, 예언자는 하느님의 의로운 종에게 가해진 폭력과 박해가 결국 많은 죄인들의 회개와 치유를 가져온다고 이야기하고 있습니다. 죄인들의 보속을 당신의 종이 감당하게 하여 끝끝내 많은 이를 돌아오게 하시는 분. 그분은 당신의 자녀들을 되찾아 깨끗한 마음으로 순수하게 섬길 수 있는 길을 열어주시고 또 열어주신 분입니다. 주님의 의로운 종이 감내한 위대한 침묵, 그 희생 안에는 죄인들을 위한 화해와 용서, 온유와 인내, 사랑과 자비가 담겨 있습니다. 여기서 그 종은 주님 자신과 매우 흡사합니다. 구약성경은, 이처럼 다른 사람의 죄악 때문에 고통받는 의인을 빗댄 예언을 자주 전하는데, 그것은 대체로 이스라엘 민족을 상대로 타 민족 국가의 섣부른 전쟁과 폭력을 고발하기 위함이었습니다. 그러나 이사야서의 이 '주님의 종 넷째 노래'는 다릅니다. 많은 이의 죄악과 폭행을 혼자서 걸머지고 스스로 죽음의 길로 들어서, 자신을 제물 삼아 희생한다는 이야기는 분명, 인류를 갈라놓은 불의와 편견, 오해와 배척, 죄악과 폭행에 하느님의 자비를 애원하는 절대적인 인류애, 보편적인 인간애가 들어있기 때문입니다. 그뿐만 아니라, 듣는 이로 하여금 내면 깊숙한 곳에서 올라오는 영적 감동을 전해줍니다. 요한복음에 나오는 대로,

'하느님은 심판이 아니라 구원하기 위해 아드님을 보내셨다는' 그 사랑이 고스란히 녹아 있습니다. 이를 통해 의로운 이들이 고통받는 이유도 어렴풋이 깨닫습니다. 그 누구도 고통과 멸시와 배척받는 가운데 비참히 죽어가길 원치 않으시는 하느님의 자비로운 마음을 의인들은 잘 알고 있습니다. 때문에 죄인들의 변화와 선택을 촉구합니다. 그들은 무의미하게 고통받는 것이 아니라, 그 자신이 곧 '회개의 메시아'가 됩니다. 죄의 결과로 얻게 된 배척과 멸시의 대상이 아니라, 그분의 뜻을 선택하고 그 과정에서 겪게 될 고통을 감내하는 종의 모습을 취하기 때문입니다. 오늘날, 신앙을 유리병 속에 가둬놓고 개인의 안락만을 추구하는 추락한 종교관과는 분명 다른 모습입니다.

수난 복음을 통해 십자가와 삶의 무게에 대해서도 생각해 봐야 합니다. 때때로 주어지는 모진 인생의 풍파가 감당할 수 없는 무게로 다가옵니다. 그러나 '그 자체'가 십자가라 할 수 없습니다. 타인을 위한 인내와 희생을 스스로 받아들이는 불편함만이 십자가로 승화합니다. 성자께서는 성부의 뜻을 자신에게 주어진 하나의 선물로 받아들이셨습니다. 자발적이고 선택적으로 끌어안으셨습니다. 대사제 앞에서 당신을 고발하는 거짓 증언자들의 말을 굳이 반박하지 않으시고, 때를 기다렸다는 듯이 당신을 메시아라고 선포하셨으며, 그 한마디 때문에 배척과 단죄의 어린 양이 되셨습니다. 우리에게 주어진 삶의 짐은 자기의 잘못 때문에 주어질 수 있지만, 다른 사람을 위해 희생과 사랑의 결정을 내릴 때 주어지기도 합니다. 현대 사회 안에서 다른 사람을 먼저 생각하는 것이 바보 같은 짓처럼 보일지라도 바오로 사도는 분명히 말합니다. '멸망할 자들에게는 십자가가 하나의 어리석음이지만, 구원받을 우리에게는 하느님의 힘'입니다. 인간적인 눈으로 보자면, 신앙이 개인의 희생을 강요하듯이 보일지라도, 하느님의 눈은 그렇지 않습니다. 십자가의 위대함을 아는 신앙인들은 그것이 큰 지혜이자 자랑이기에 오늘 이처럼 경배예식을 거행하고 있습니다. 나약한 인간이기 때문에 고통은 피하고 싶고 십자가는 선물로 다가오지 않는 게 어쩌면 당연합니다. 하느님께서도 그것을 아십니다. 그러나 나의 고통을 접어두고 타인의 십자가를 거들어 줄 수 있는 힘은 있습니다.

세월호를 비롯한 각종 참사로 아직까지도 고통받는 유가족들, 마땅한 권리를 빼앗긴 비정규직 근로자들, 갖가지 폭력으로 신음하는 여성들과 아이들, 사회 불의에 저항하다가 공권력의 폭력에 장애를 입은 사람들처럼 환경이나 상황, 조건에 저항할 힘도 얻지 못한 채 널 부러진 사람들 곁으로 먼저 다가가는 것이 결국 우리를 부활의 길로 인도한다는 사실을 기억하십시오.

악을 '선에 대한 결핍'이라 생각했던 아우구스티노 성인의 견해에 따르자면, 우리는 현실 앞에 놓인 선의 결핍을 더 큰 선으로 채우기 위해 부르심 받은 사람들입니다. 그러나 간혹 냉혹한 현실과 나약한 의지 때문에, 주님께서 하신 기도와 순서가 바뀐 건 아닌지 돌아봐야 하겠습니다. 그분은 '이 잔을 거두시되, 당신 뜻대로 하소서'라고 하셨지, '당신의 뜻대로 하시되, 이 잔을 거두소서'라고 기도하지 않으셨습니다. 십자가를 통해 드러난 성자의 고귀한 수난, 성부의 더없는 사랑, 성령의 위대한 지혜를 묵상합시다. '나를 믿는 사람은 내가 한 일보다 더 큰 일을 하게 될 것이다'라고 하신 주님 십자가 길에 동행합시다. 우리는 분명, 그 수난의 길이 끝이 아닌 시작임을, 부활의 영광과 영원한 생명으로 초대받은 주님의 종들입니다.

부활 시기

"그분을 거기에서 뵙게 될 것입니다."
(마르 16,7)

주님의 거룩한 시신이 사라진 무덤에서 역설적이게, 젊음의 생기 넘치는 천사가 전해준 소식이 오늘 이 부활의 신비를 전해주고 있습니다. 마르코 복음의 메시지는 주님께서 인류 앞에 드러낸 희망이자, 뭐라 설명할 수 없는 신비의 절정이며 지금, 이 시간, 이 공간에서도 맞이하고 있는 우리 모두의 사건입니다. 복음이 전해준 부활의 신비스러운 사화가 간략한데, 무엇을 덧붙여 이 강론에서 이야기할 수 있는지 저는 모르겠습니다. 수난을 인내로써 견디시고, 분명 십자가 위에서 돌아가셨지만 죽음을 딛고 다시 살아나신 우리 믿음의 근원, 핵심, 절정이자 목적인 예수님 그리스도, 그분께 내 자신을 완전하게 맡기는 것 말고 여기서 무엇을 덧붙여 말해야 할지 모르겠습니다.

파스카 성야

　부활하신 주님을 고백하며 교회가 바치는 찬미의 노랫소리가 이 밤, 하늘과 땅이 하나 되고 창조주와 피조물이 결합된 밤, 종들이 지은 죄로 인해 갈라졌던 모든 관계를 화해시키고 죽었던 모든 존재를 다시 살리신 밤, 인간의 부족한 입술로 형언할 수 없는 신비가 만물을 기쁨으로 채우는 이 밤에, 하느님께 향하는 찬미가 끝도 없이 울려 퍼질 수 있도록 우리의 마음을 드높여야 하겠습니다. 하느님의 어린양은 당신 생명을 바쳐 아버지께서 맡기신 사람들을 되찾으러 묻히신 곳의 입구를 막은 바윗돌을 치우셨기에, 인간을 향한 하느님의 사랑은 결코, 닫혀있지 않고 늘 열려있다는 사실을 깨달아야 하겠습니다. 육신의 흔적에라도 매달리고자 했던 여인들이 빈 무덤 앞에 허탈감을 느낀 것처럼 지금 이 시대에 삶의 허탈감에 빠진 우리에게도 이 밤이 허락되었음을 감사해야 하겠습니다. 믿음의 세례와 회개의 눈물로 옴팡 적셔진 하느님의 자녀들이 하느님과 반대되는 것 혹은 그분 뜻이 아닌 모든 것들로부터 자유롭게 하셨기에 우리의 빛이신 주님께 계속 달려가야 하겠습니다. 매년 반복되는 기억과 기념이지만, 오늘 이 밤을 기점으로 모태를 열고 첫울음을 터뜨린 갓난아이와 같이 생애 첫 시작인 듯 새롭게 태어나야 하겠습니다. 교만의 첫 사슬에 묶여, 죄가 죄를 낳는 구조에서 도무지 빠져나갈 수 없는 불쌍한 인간을 위해 하느님 스스로 그 순결한 피를 흘려 우리의 불결한 죄를 씻겨주셨음에 감사해야 하겠습니다. 우리

파스카 성야

가 주님을 닮아가려는 굳센 의지 위에 서 있다면, 하느님을 증거한 성인 성녀들의 모범을 본받아 그들이 천상에서 누리고 있는 주님 부활의 영광을 늘 가슴에 품고, 신앙의 열정적인 생활로 나아가야 하겠습니다. 세상을 이겼다고 선포하신 예수님 그리스도, 그분의 지체로 받아들여진 모든 형제자매의 약함을 내가 대신해서 채워주고 늘 희생과 봉사의 정신으로 무장해야 하겠습니다. 주님의 부활은 우리 모두의 부활임을 기억해야 하겠습니다. 때로 각자 지닌 상처와 나약함에 쓰러진 채 포기와 좌절 속에 머물고 싶겠지만 주님께 받은 생명과 은총, 사랑과 자비를 다른 사람들에게 전하는 기쁨을 누릴 수 있어야 하겠습니다.

'그리스도는 우리의 빛, 우리의 광명', 그분은 곧 '나의 빛 나의 구원'이십니다. 비록 당신의 부활을 빈 무덤으로 보여주셨지만, 우리가 가야 할 길을 갈릴래아로 안내하신 주님께서, 진정 우리 가운데 살아계심을 이제 일상과 우리에게 주어진 삶의 여정 안에서 확인하시기 바랍니다.

오늘 이 거룩한 밤. 대낮을 비추는 태양의 찬란함보다, 밤을 비추는 은은한 보름달보다, 새벽에 뜬 샛별보다 더 밝게 우리를 비추고 있는 여기 부활초의 빛을 가슴 한가득 받아 안고서 이제 여러분이 부활하시길 바랍니다. 단순히 지금의 삶에서 변화 없는 '소생'보다 새롭게 다시 태어날 '부활'의 여정으로 초대되었습니다. 일어나 걸어가시길 바랍니다. 온 인류와 세상 피조물들을 밝게 비추는 하느님의 거룩한 자녀들이 되어 주시길 간절히 염원합니다.

주님 부활 대축일 낮미사

무덤을 막았던 돌이 치워져 있었다.
(요한 20,1)

봄의 계절이 전해주는 싱그러움이 세상천지에 만연한 이 때, 예수님의 부활을 온 마음으로 받아들이고 축하하고 있습니다. 벚꽃이 바람이 흩날리는 꽃눈의 풍경, 홍매화의 아름다운 자태, 가지마다 솟아난 연둣빛 새싹 등, 부활 시기에는 의례 봄의 전령으로 떠오르는 여러 가지 이미지가 있습니다만, 저는 무엇보다 '나비'가 먼저 떠오릅니다. 겨우내 고치 속에 있던 생명은 이제 막 젖은 날개를 펴고 날아오를 채비를 하는 모습은 언제봐도 인상적입니다. 그 날개가 어떤 역경에서도 활짝 필 수 있도록 기도합니다. 사순시기와 주님 고난의 성주간은 지나갔지만, 부활의 기쁨은 회개의 다짐과 결심을 다시 기억하게 하고, 우리도 그 부활에 참여할 수 있다는 희망으로 감사하는 마음을 솟구치게 합니다. 우리가 아직 옛 생활에 안주하여 자신을 주님의 무덤처럼 '비어 있게' 하지 않는다면, 다시 말해 변화 없는 삶에 계속 누워만 있으려고 한다면, 땅의 먼지 속에 기어 다니는 애벌레의 꿈지락 마냥 더 넓은 세상으로 나아가지 못하고 바닥으로 떨어지고 말 것입니다.

주님 부활 대축일 낮미사

오늘 복음에서 "누가 주님을 꺼내 갔습니다."라고 급히 외치는 마리아 막달레나의 목소리와 그 소리에 놀라 달려가는 베드로와 요한 사도의 달음질에는 지상에서 예수님의 존재 자체가 흔적도 없이 사라졌다는 황망함과 다급함이 묻어 있습니다. 그러나 빈 무덤은 예수님이라는 한 존재의 증발이 아닌, 새로운 생명에로 부활했다는 기쁜 소식임을 우리는 알고 있습니다. 비어 있는 무덤을, 한낱 백일몽처럼 여겼던 제자들의 허탈함은 점차 그분의 말씀을 다시 되뇌면서 얻는 깨달음을 가져올 것입니다. 세상에 다시 없을 굳은 믿음과 그야말로 선포하지 않고는 못 배길 기쁜 소식이 되어 다가올 것입니다. 오늘 제1독서 사도행전에, 무덤으로 달려간 두 사도는 이제 마리아 막달레나에 이어 '예수님 부활의 증인'이 되었습니다. '증인'은 무릇, 참관인들과 법관들 앞에서 진실만을 발언해야 할 의무가 있습니다. 하느님의 말씀을 전적으로 받아들이고 말하는 이 증인들은 이제 바로 우리가 되어야 함을 기억하시기 바랍니다.

눈에 보이지 않지만, 그분께서 세상에 오시어 하느님의 자비와 사랑을 전하셨고 이를 믿고 말과 행동 고백하는 이들에게 영원한 천국 문이 열렸습니다. 이것이 무엇을 의미하는지 가슴 깊이 묵상하십시오. 여러분은 지상 삶에만 희망을 두지 않고 오히려 지금 어떤 상황과 환경 안에 있더라도 그분께 충실함으로써 하느님 그분 자체를 얻게 되었기 때문입니다. 이것이 바로 구원이자, 여러분의 희망이고, 여러분이 세상 그 어느 권력가, 세력가보다 더 기뻐해야 할 이유입니다. 우리는 하느님의 것이 되고, 그분은 우리의 하느님이 되셨기 때문입니다! 파스카의 신비는 부활의 증인들이 세상을 자유롭게 날아다니며, 그 기쁜 소식을 온 세상에 전염시킴으로써 더 깊어집니다. 작은 날갯짓으로 세상에 정화와 기쁨을 전파하는 '전령'이 되시길 바랍니다. 생명이 움트는 봄을 알리는 '나비'들이 되시길 바랍니다. 하느님께서는 여러분 주변에 선포한 부활의 기쁨과 나눔을 통해 지구 반대쪽에서 복음의 태풍을 일으키는 '나비 효과'로 언제나 살아 움직이고 계시기 때문입니다.

누구나 맞이할 죽음으로부터 그분께서 우리 안에 살아 숨 쉬는 생명이 되셨다는 이 기쁜 소식이 선포되었습니다. 이미 믿고 그 신앙을 고백한다고 입으로는 말하지만, 행동으로는 전혀 상관없이 살아가는 사람으로 남지 않길 바라는 마음으로 선포합시다. 예수님께서는 참으로 부활하셨습니다. 그분을 믿고 그분 안에 끝까지 남아 있는 모든 이들이 참으로 부활할 것입니다.

주님, 부활의 평화와 축복이 언제나 여러분 모두와 함께! 알렐루야! 알렐루야!

"평안하냐?"
(마태 28,9)

　복음은 여인들 앞에 나타난 예수님께서 물으셨던 물음을 오늘 우리에게도 던지고 있습니다. '모두 평안하십니까? 평안하다면 어떤 평안입니까?' 혹, 평안하지 못하다면 무엇 때문인지 자문합시다. 『하늘은 땅에서 열린다』 책의 저자 도미니코회 루돌프 슈테르텐브린크 신부는 다음과 같은 인상 깊은 구절로, 우리가 찾는 평안에 대해 이야기하고 있습니다. "우리는 선해야만 살 수 있다. 선해야만 평온하다." "선은 상처를 치유하고 부서진 것들을 다시 합치며 어려운 문제를 해결한다. 이로써 삶이 올곧아진다."(하늘은 땅에서 열린다 p.253)

　주님께서 부활하여 제자들에게 주신 첫 숨결 뒤에 하신 말씀, 곧 "평화가 너희와 함께!" 이로써 주님 부활의 첫 인사말은 복음 전체를 아울러 그분께서 가신 그 길이 우리를 생명으로 인도하는 평화와 선의 길임을 명확히 드러내셨습니다. 주님의 부활이 우리 모두의 부활이 될 수 있도록 이곳 주님을 섬기는 학원에서 우리에게 제시된 가장 빠른 길은 역시 베네딕도 성인께서 말씀하신바, "사악을 멀리하고 선을 행하며 평화를 찾아 뒤따라가는 것입니다." 이 부르심에 응답한 우리 모두 평안하다고 말할 수 있을 것입니다.

이제 주님께서 마련하신 우리 부활의 여정이 기쁨으로 시작됩니다. 그분이 지시한 방향은 어둠 속에 앉아 있는 이들과 소외와 무관심으로 슬퍼하는 이들이 큰 빛을 기다리는 갈릴래아로 이어진다는 사실을 기억해야 하겠습니다. 매일의 일상은 너무나 익숙해지면, 자칫 어려운 형제들을 향하여 실천할 수 있는 구체적인 선한 마음과 관심어린 시선이 좁아질 수 있습니다. 일상에 파묻혀 지내기보다 내게 주어진 일상을 성화시키는 주도적인 삶으로 나아갑시다.

알렐루야! 부활의 기쁨을 끊임없이 되새기며 희망 없는 외딴곳에 더욱 관심과 기도를 바칠 수 있도록 항상 깨어있는 은총을 주님께 청합니다.

부활 팔일 축제 화요일

"부인, 왜 울고 있습니까?"
(요한 20,13)

'보셔요. 그이가 오잖아요. 산을 뛰어오르고 언덕을 뛰어넘어 오잖아요.' 자신의 연인이 다가오는 모습을 아름답게 표현한 아가서의 한 구절입니다. 이제 막 사랑을 시작하는 연인들은 서로를 끌어당기는 알 수 없는 신비에 취하고 그 감미로움에 더욱더 붙어 있으려 합니다. 곁에 있는 것만으로도 세상 모든 것을 가진 듯한 애틋함이, 비록 오랫동안 지속되지 못할 감정이라 할지라도, 자신의 모든 것을 내어줘도 아깝지 않을 만큼 좋아해 주는 그 마음은 순수합니다. 하느님께서 인간을 사랑하시는 그 넓고 깊은 방식 가운데 하나를 아가서는 아름답게 노래합니다.

오늘 복음에서, 마리아 막달레나는 그토록 기다리던 자신의 연인이 돌아올 수 없는 강을 건넜음을 알고 어두운 새벽부터 찾아갑니다. 등불을 켜 들고 문 앞에 서서 기다리던 열 처녀 가운데, 오직 이 처녀만은 신랑이 오지 않을 것을 알고 있었기에 그 문을 박차고 나아갑니다. 신랑의 비참한 처지를 지켜봤기에, 기름을 사 오거나, 구걸할 생각조차 하지 않고 그저 그분의 주검을 품었던 동굴 무덤으로 달려갑니다. 그녀의 눈물이 기름이 되고, 그녀의 슬픔이 지혜가 됩니다. 진정, 마리아는 온 마음과 힘을 다해 주님께서 당하신 고통 앞으로 나아가는 순간, 깨어있는 제자로서, 그리고 그분을 알아보는 눈을 뜨고 외쳤습니다. "라뿌니!" 모두가 숨을 죽이고 죽음의 거친 기세를 피하려고 발버둥 칠 때, 이 용감한 여성만이 죽음에서 살아나신 하느님의 얼굴과 그 목소리를 이승에서 마주한 첫 번째 인간이 되었습니다.

'보라, 내가 세상 끝날까지 언제나 너희와 함께 있겠다.'(마태 28,20) 자신의 연인들을 다시 찾아오신 주님의 말씀입니다. 세상을 지배하던 죽음이 그 힘을 못 쓰게 만드신 하느님의 약속입니다. 이제 처음부터, 그리고 세상 끝날까지 만인의 연인이자, 모든 피조물의 창조주시며, 지혜의 원천이시자, 사랑의 근원이신 그분을 다시 사랑합시다. 울어도 괜찮고 웃어도 괜찮습니다. 다만, 무덤덤한 마음 혹은 미지근한 마음만은 던져버리고 새 마음으로 그분을 마중 나가는 하느님의 애틋한 연인들이 되시길 바랍니다.

부활 팔일 축제 목요일

구운 물고기 한 토막
(루카 24,42)

　독수도자의 자취 생활보다 공동체 정주 생활이 영적, 물적으로 많은 부분에서 이롭습니다. 하지만 반대로, 수도원 울타리 안에만 있다 보면 현대 사회의 흐름에는 다소 무뎌질 수 있습니다. 본원에 있을 때는, '생선 한 마리'가 얼마인지도 몰랐는데, 이 시대는 정말 많은 부분에서 고물가 시대를 살고 있나 봅니다. 재단 사무실과 사제관만 오고 가는 데도 씀씀이를 야무지게 절약하지 않으면 학교 선생님들과의 식사 자리에서 선뜻 지갑을 여는 게 망설여집니다. 주방 수녀님을 비롯해 여러 수녀님들이 여러모로 세심하게 살펴주시고 챙겨주신 덕분에 많은 도움을 받고 있습니다.

　물질과 영의 결합체라는 측면에서 인간은 참 독특하고 신비한 존재입니다. 자연적 순환으로 움직이는 여타의 동식물이나, 오직 영적으로 활동한다고 알고 있는 천사들과 달리, 인간은 영과 물질의 복합체로써 하느님의 창조업적 가운데에 가장 절정에 있습니다. 오늘 복음에서, 부활하신 주님께서는 물질세계와 관련 없이 떠도는 유령도 아니고, 상상으로 만들어진 착시도 아닌 순수 인간의 모습으로 당신의 부활한 육신을 제자들에게 보여주셨습니다. '살과 뼈'를 지니고 당신의 제자들 사이를 가로질러 다니는 모습을 보면서 우리의 부활 역시, 단순히 지금의 육신이 소생하는 것이 아닌 새로운 '살과 뼈', 곧 하느님께서 다시 주실 신비로운 새 육체와의 결합일 것입니다. 또한, 주님께서는 부활 이후 인간 존재의 참된 생명을 보여주시며 당신이 십자가를 지고 죽음에 이르기까지 순종하신 그 깊은 의미를 성경의 모든 기록을 토대로 다시 바라보게 안내하셨습니다.

어릴 때는 밥상에 생선구이가 나오면 가시 발라 먹는 게 귀찮아서 잘 안 먹었습니다. 이제 나이가 차서 입맛이 바뀌었는지, 어느 순간부터는 구운 생선 한 토막에 젓가락이 자주 올라갑니다. 아마 오늘 복음의 한 구절, 예수님께서 맛있게 드신 것 같이 느껴지는 '구운 생선 한 토막' 때문이 아닐까 합니다. 요한 복음사가는 이를 신학적 의미가 담긴 상징적 문구로 넣었는지 몰라도, 예수님께서 드신 구운 생선의 풍미를 놓칠 수 없다고 생각하나 봅니다.

'고등어 한 마리 구워 드릴까?' 주방 수녀님이 오해하실 것 같아서 말씀드리지만, 결코 그런 부탁의 말씀이 아닙니다. 다만 고물가 시대를 살고 있는 요즘, 농어민들은 제 수확물에 합당한 보상을 얻고, 굶주린 이들의 식탁 위에 주님의 은혜로운 먹을거리가 가득하길 기도해 주시기 바랍니다.

부활 팔일 축제 금요일

"주님이시오!"
(요한 21,7)

독서, 묵상, 기도, 관상의 네 단계를 통해 우리는 하느님의 말씀을 내 안에 녹여내고 있습니다. 렉시오 디비나의 이 네 가지 방식 저변에는 분명 '경청과 기억과 반추'가 깔려있습니다. 현대에는 '뉴에이지'라는 이름으로 단번에 관상의 단계로 넘어가기 위한 갖가지 기교가 이러한 전통적인 성독의 바른길을 외면하게 만듭니다. 주님 목소리에 귀 기울지 않고 곧바로 나의 감정과 심상을 건드리고 상상에 의지한 채 마음의 평정을 찾아준다는 유혹입니다. 또한, 주님 말씀에 대한 독서 없이 말 잘하는 누군가의 기교만 듣지 않도록 조심해야 합니다. 우리는 주님의 목소리에 귀를 기울이는 그분의 양들입니다.

오늘 복음에서, 주님께서 사랑하시는 제자 요한은 주님을 알아봅니다. 일전에 동트기 전 누구보다 빠르게 빈 무덤을 찾아갔던 마리아 막달레나가 주님을 동산지기로 착각했다가 그분께서 이름을 부르시자 알아봤던 장면이 떠오릅니다. 주님의 죽음을 애도하며 울며 찾아갔던 마리아와, 이제는 비어 있는 스승의 자리를 자기들이 살던 기존의 방식으로 채우기 위해 배를 띄웠던 제자들 모두 그분을 눈으로 보았어도 바로 알아보지 못했습니다. 어제의 복음도 마찬가지입니다. 그들은 주님을 보고 만지고, 그리고 무엇보다 '듣고' 알아봅니다. 오늘 사도들은 비록 자기들의 이름을 부르지 않았어도, 자신들이 처음 주님을 따르던 때의 부르심과 동일하게 부르시는 주님을 만났습니다. 그 처음과 같은 목소리를 어찌 잊을 수 있겠습니까. 부활하신 주님의 말투와 목소리뿐만 아니라 지금 처한 절망적인 상황에서, 희망을 가져다주는 그 첫 부르심이 기억나서 귀를 쫑긋하게 했기 때문입니다. 마리아 막달레나는 슬픔으로 격하게 추락한 '인격'을 이름을 불러 세워주시고, 제자들은 자신들이 유다 사회 안에서 처한 상황 때문에 추락한 '인격'을 그때의 첫 부르심으로 바로 세워주셨습니다.

부활하신 성자께서 이름을 하나하나 부르시며, 당신이 부르시던 그때, 그 첫 마음을 기억하도록 이제 우리를 부르십니다. 비록 겉옷만 두르고 달려간 베드로와 같이 열정적 순응의 자세가 생각처럼 쉽지 않습니다. 다만 형제자매들을 통해 듣게 될 주님 목소리는 알아듣고 그분이 지시하는 말씀에 순종하는 하느님 자녀다운 준비를 해야 하겠습니다.

오늘 주님께서 말씀하셨습니다. "와서 아침을 먹어라." 매일 주님 말씀에 대한 쉼 없는 거룩한 독서로써 그분 목소리를 알아듣고 소화하는 영적 '일용할 양식'은 필수입니다. 그리하여 요한이 그랬듯이 서로가 서로에게 "주님이시오!"하고 그분을 알아보며 전할 수 있도록, 마음과 귀를 활짝 여는 부활의 아침을 매일 새롭게 맞이하시길 바랍니다.

"온 세상에 가서 모든 이에게
복음을 선포하시오."

(마르 16,15)

다른 복음서에 비해, 마르코 복음사가의 기록 스타일은 참 간결합니다. 오늘 복음을 통해 마태오, 루카, 요한이 각기 전한 주님 부활 사건들 가운데, 두 가지 큰 사화를 일목요연하게 전달하고 있습니다. 그 가운데 놓치지 않고 전한 것은 주님 부활 소식을 듣고도 믿지 않은 제자들의 불신입니다. 우리도 가끔 다른 사람이 전하는 신앙의 뜨거움을 의심하거나 귀를 닫을 때가 있습니다. 그 사람의 됨됨이부터 쉬이 판단해버렸기에 귀와 마음을 닫아 버릴 때가 있는 것입니다.

주님께서는 '온 세상에 모든 피조물에게 복음을 선포해야 할' 우리의 소명을 다시 깨닫게 해 주셨습니다. 우리는 되도록 많은 곳에서 되도록 많은 사람에게 아드님을 통하여 생명을 주기로 작정하신 하느님의 사랑을 말하지 않을 수 없음을 너무나 잘 알고 있습니다. 하지만 시대는 '예수님'라는 고귀한 이름을 너무나 남용했고, 심지어 먹칠과 오용, 사리사욕을 위해 이용하고 있음을 목격합니다. 그래서 그런지, 사람들이 모인 장소에서 그분의 이름과 그분이 전해준 복음을 여과 없이 직설적으로 이야기하면 우선 거부하는 사회가 되었습니다. 설사 '예수님'는 받아들였다고 하지만, 예수님께서 받으신 고통과 수난은 철저히 거부하고, 기복적인 신앙에만 매달리는 신자들이 태반입니다. 세상 너머 세상을 볼 줄 모르는 사람들에게, 저는 개인적으로 '파티마 홈'에서 생의 말년을 준비하는 어르신들을 직접 섬기고 계신 수녀님들의 체험이 세상 곳곳에 나누어져야 한다고 생각합니다. 고통은 삶의 끝이 아니라 새로운 시작으로 건너가기 위함이요, '하느님은 결코 개인이 감당할 수 없는 것을 허락하지 않는다'는 바오로 사도의 말씀을 믿는 이들 누구나 깊이 체감할 수 있도록 말입니다.

뱀과 같이 슬기롭게 다가가, 하느님 자비의 언어를 사용하면서 비둘기와 같은 순박한 실천으로 사람들 안에 잠재된 양심을 다시 깨워야 하겠습니다. 시간이 좀 걸리더라도 그들이 거부감 없이 복음을 받아들여 생명을 얻을 수 있도록 해야 하는 것이 오늘날 우리의 사명일 것입니다.

부활 제2주일(하느님의 자비 주일)

"나의 주님, 나의 하느님!"
(요한 20,28)

먼지 쌓인 책 한 권을 다시 펼쳤습니다. 공산정권 시절 체코에서 비밀리 사제서품을 받고 지하교회에서 활동하셨던 토마스 할리크 신부님의 저서 『상처입은 신앙』입니다. 인상 깊은 구절을 발견하면 쪽 모서리를 접어 표시해 놓는 나쁜 습관이 이 책에는 상당히 많습니다. 몇 번을 일독했는지 모르겠지만 구절마다 진동하는 울림은 여전했습니다. 전체 줄거리가 대략 토마스 사도를 통해 의심과 믿음, 상처와 방어, 위선과 벌거벗음에 대해 이야기합니다. 서로 대립되는 지점의 갈등과 긴장을 두고 참된 믿음의 의미를, 성찰하면서 서서히 번지는 깊은 파장을 다시 한번 느낄 수 있었습니다.

하느님은 정의와 징벌보다, 피조물에 대한 자비와 연민을 더욱 앞에 두고 다가오시는 분임을 기리며 감사하는 오늘

부활 제2주일(하느님의 자비 주일)

은 하느님의 자비 주일입니다. 성녀 파우스티나 수녀님이 전해 준 이 위대한 신심 안에 모든 그리스도인이 초대되었고, 요한 바오로 2세 성인 교황님의 당부로 2001년 부활 제2주일부터는 해마다 기억하고 있습니다. 프란치스코 교황님도 부에노스아이레스 교구장 시절부터 하느님의 자비에 대해 특별히 많은 부분을 할애하여 언급하셨던 것으로 보아, 교회는 분명 질책과 교정의 사목보다 '하느님의 자비'를 더욱 기쁘게 전해야 할 것입니다. 복잡하게 얽히고설킨 인간 관계망 안에 구원에 대한 불신, 심판과 벌에 대한 왜곡된 관념, 사후세계에 대한 그릇된 호기심, 심지어 우리의 내면에도 조용히 숨어 있는 단죄와 위선의 칼날이 하느님의 온유와 겸손 앞에 한결 너그러운 태도로 변모되길 희망합니다. 그분은 분명 정의롭지만, 자비롭다는 예수님의 가르침을 기억합시다. "나는 온유하고 겸손하니, 내 멍에를 매라"는 그 초대를 기억해야 하겠습니다.

이러한 하느님의 자비를 기억하며 오늘 복음을 차분히 묵상하다 보면, 토마스 사도 앞에 당신의 상처를 드러내신 주님의 의도가 조금 더 분명해지는 것 같습니다. 주님은 토마스 사도의 불신, 의심, 그 완고함 앞에서도 결코 단죄의 칼날을 들이밀지 않으셨습니다. 실상 당신이 붙잡혀 가는 걸 보면서도 냅다 도망친, 제자라고도 할 수 없는 배신자들을 단 한마디의 질타 없이 마주하셨습니다. 그들의 배신과 나약함마저 당신

부활의 여정, 그리고 아버지께 순명하는 과정으로 한 데 묶어 버리셨던 것입니다. 부활이란 그런 것이 아닐까 합니다. 지난날 우리가 저지른 잘잘못을 일일이 셈하여 따져 묻지 않아도 되는 내면의 확장, 만인에 대한 포용, 회심을 향한 인내, 아울러 불안감이 도처에 깔린 곳에 평화를 가져오는 존재가 되는 것이 아닐까 합니다. 하느님은 이렇게 넓고 깊은 자비로, 오늘 토마스 사도에게 다가오셨습니다. 보통 토마스 사도를 불신앙의 대변인으로 보는 해석들이 많습니다만, 사실 막달라 마리아가 전한 부활 소식을 다른 제자들도 믿지 않았다고 전한 다른 복음을 기억할 수 있습니다. 유독, 주님께서 죽었었다는 확인을 해야 직성이 풀리는 토마스 사도가 다소 극성스럽기도 했지만, 부활에 대한 불신과 의심은 제자들의 공통된 마음가짐이었습니다. 이에 토마스 사도의 의심과 확인은 다른 관점에서 이해될 수 있습니다.

토마스 할리크 신부는 라자로의 소생 사화를 상기시키며, 토마스 사도의 열성적 따름을 기억해보라고 합니다. "우리도 주님과 함께 죽으러 갑시다"(요한 11,16)라고 호탕하게 외쳤던 토마스 사도는, 기꺼이 십자가의 비참한 최후까지 스승을 따를 준비가 되어 있던 사람입니다만, '주님의 부활이 그분 수난의 행복한 결말' 쯤으로 치부될 수 있음을 거부하고 그 상처와 고통이 있던 바로 거기에서 참된 부활이 시작됨을 확인하려 했던 사도였다고 안내합니다. '부활'이라는 영광 때문에, '십자가의 고통'이 헛된 것이 아닌지 확인하고 싶었다는 것입니다. "신앙을 위해서는 토마스의 불신이, 믿는 제자들의 신앙보다 우리에게 더욱 유익하다"는 대 그레고리오 교황님의 말은 옳습니다. 믿음의 열정이 강하면, 거의 반비례한 불신과 의심도 찾아옵니다. 종교를 안락함을 유지하려는 도구가 아닌, 끊임없이 자신을 부수고 깨고 거기서부터 나올 줄 알면서도, 고통 앞에 좌절하고 우는 이들, 신음하고 절망하며, 상처 입고 피 흘리는, 냄새나고 더럽기에 우리 본성이 쉬이 받아들이지 못하고 회피하려는 이웃들 안에서 바로 그 '상처 입으셨던 하느님'을 만나는 자리가 될 수 있도록 본을 보여준 가장 열성적 사도가 바로 토마스 사도가 아닐까 합니다.

기쁨의 부활시기 이지만, 부활하신 주님을 만날 수 있는 자리를 오늘 복음에서 토마스 사도가 확인시켜 주었습니다. 세상과 인간의 온갖 생채기를 하느님 자비의 마음으로 찾아가고 만져주고 감싸주는 그곳에서, 우리는 직접 주님을 보지 않고도 마치 본 것처럼 굳게 믿는 복된 자녀들이 될 것입니다. 우리 때문에 상처를 입으셨지만, 우리 때문에 다시 살아나신 하느님을 이제 여러분의 일상 안에서 만나시길 기도합니다.

주님 탄생 예고 대축일

"보십시오. 주님의 종입니다.
말씀대로 저에게 이루어지기 바랍니다."

(루카 1,38)

    다양한 소식들이 지금 시간에도 쏟아지고 있습니다. 가깝게는 국내에서 벌어지는 소식들, 멀게는 세계 도처에서 벌어지고 있는 사건과 전쟁들, 더 멀리서는 우주 공간을 떠돌고 있는 보이저 1호의 행방과 별들의 탄생까지 관측하며 그 소식을 우리가 만날 수 있게 하는 시대입니다. 어느 소신있는 언론인은 이러한 시대에 우리의 흥미를 끄는 소식들 대부분이 자극적이고 나쁜 소식들임을 지적합니다. 연예인의 화려하게 꾸며진 일상까지 기사화하는 이 시대에, 만일 주님께서 다시 한번 어느 시골의 한 처녀의 아기로 태어나시겠다고 알리신다면 그녀가 아무리 신앙심이 깊어도, 비참하게 꾸며질 미혼모의 삶을 미리부터 걱정하며 베이비박스가 설치된 곳부터 검색할지 모르겠습니다.

오늘 제1독서에서는 이스라엘 한 시대의 걱정이 많던 왕을 두고 예언이 선포되었습니다. 주변 강대국들 사이에서 밀려오는 침략적 분위기에 정신적으로 큰 부담을 느낀 그는 이러한 위태로움 속에서 자신을 해방시켜 줄 도움이 간절합니다. 주님의 말씀을 믿지 못하니, 그 어떤 것이라도 의지할만한 표징이 필요합니다. 그에게 주어진 젊은 여인의 임신과 해산이라는 표징은 사실 지극히 평범한 자연의 이치일 뿐이었습니다만, 죽음의 그늘이 드리운 곳에서도 생명의 하느님께서 함께 계심을 보여주는 아기와 그 이름이 곧 증거로 주어졌습니다. 알다시피 훗날 이는, 인간의 해방자이자 구세주이신 예수님의 탄생을 예고하는 이사야의 위대한 예언이 됩니다. 그리하여 오늘 복음 말씀대로, 성모님께서 들으신 천사의 인사말 안에 임마누엘의 완전한 실현이 주어집니다. 천사의 예고에 성모님께서 순종의 응답을 드릴 수 있었던 것은 어쩌면 이스라엘 백성의 한 사람으로서 해방자를 기다리는 마음에서 우러나온 계기가 반영되었을 것입니다. 우리의 어머니께서는 분명 자연의 섭리를 거스르는 상황에 대해 '의문'은 가지셨지만, 결코 '의심'하지 않으시고, 불가능해 보이는 모든 것을 이루시는 하느님의 가능성을 믿으셨으며, 아직 젊은 나이의 열정을 더해 망설임 없이 대답합니다.

"당신 종에게, 말씀하신 당신 뜻대로…."(루카 1,38 참조)

우리는 가끔 일상에 영향을 끼친, 혹은 일생에 영향을 끼친 소식들을 접하기도 합니다. 그것이 좋은 소식이길 바랍니다만, 대부분 좋지 못한 소식들임을 공감하시는지 모르겠습니다. 일제시대 경술국치 소식을 듣자마자 자신의 삶을 송두리째 독립을 위해 바친 유공자들, 한국 전쟁 소식에 민주주의 수호 기치를 내걸고 목숨을 걸어 한반도에 상륙했던 각국 지원부대들, 그리고 4월이면 항상 기억나는 우리 세월호의 아이들. 그러나 오늘 주님 탄생의 예고 소식은 한 여인의 삶을 담보로 부당하게 인류 역사에 개입하려는 모진 소식이 아니라, 한 여인의 신앙 안에서 이제 때가 되어 움직이려는 하느님의 인류 구원의 시작을 전하는 기쁜 소식입니다.

많은 소식을 접할 수 있는 이 시대에, 자극적인 메시지만 눈에 담지 말고 세상 안에서 하느님께서 나를 움직이게 만드는 소식들에 더 귀를 기울이는 일상 되시길 바랍니다. 주님께서는 눈이 마음의 등불이라 하셨습니다. 그렇다면 우리 '경청의 귀'는 그 밝은 마음으로 다가가는 길을 열어 줄 것입니다.

> "위로부터 새로 나야 한다고 말했다고 해서
> 놀라지 마시오.
> 바람은 불고 싶은 곳으로 붑니다."
> (요한 3,7)

얼마 전, 왜관 본원에서 가톨릭 영성심리상담소 소장을 맡고 계신 서울대교구 홍성남 신부님을 초청하여 월피정 특별 강론을 들을 기회가 있었습니다. 그때 여러모로 우리 수도자들의 심리적인 부분들을 명쾌하게 꼭 집어내면서 진단하고 필요에 따라 꼬인 문제들에 답이 될만한 방안들을 제시해 주는 강의였습니다. 그 가운데 인상적인 내용이 있었습니다.

"종교적으로 경지에 달하면 감정 기복이 없어 늘 평안하다고 주장하는 종교인들 때문에, 일반인들이 가지는 감정 기복이 부정적으로 보인다. 바오로 사도도 감정 기복이 아주 심한 분이셨다. 열두 제자 역시 그랬고 주님도 그러하셨다. 라자로의 무덤 앞에서 울고, 예루살렘 도성 앞에서 우시고, 바리사이들에게 화를 내시거나, 성전 장사치들을 상을 엎어버린 사건들을 보면 알 수 있다. 감정 기복은 신심이 약하거나 기도가 부족해서 생기는 것이 아니라, 건강한 사람이라면 당연히 있어야 할 것이다."(사제, 수도자들을 위한 영성심리 이야기 1권 중 p.88)

오늘 복음에서, 주님께서는 영의 활동성을 바람에 비유하시며, 하느님으로부터 다시 태어나는 사람을 그와 같다고 하셨습니다. 육체적인 오감 가운데 몇 가지는 둔감할 수 있어도, 영적으로는 항상 민감하게 파악하고 곧바로 이를 행동으로 실행하는 이들이 있습니다. 보통 이러한 영적 감각을 일컬어 좁은 의미로 '식스 센스' 곧 '육감'이라고 합니다. 그리스도교 안에서 이 영적 감수성은, 개인이 지닌 특정 성향이나 천부적인 재능과 다릅니다. 모든 인간은, 그 원천인 주님과 더욱 가까이 있고자 하는 본의를 가지게 되면 시작하는 특별한 영적 감각을 발휘하게 됩니다. 여기서 성장하는 감성의 발달영역이 공감과 연민, 주변에 대한 시야가 넓어짐을 경험하는 동시에 자신의 빛과 어둠을 같이 바라보게 합니다. 육신의 오감은 바로 이 영적 감수성을 성장을 위한 도구의 역할을 하게 될 때 올바로 사용된다고 할 수 있습니다. 이것은 제 말이 아니라 영성 심리학적에서 그러합니다. 따라서 인간의 관계 맺기 능력도 바로 이 감각의 관리와 성장에서 비롯된다고 설명합니다. 니코

데모는 바로 이 영적 감각에 이끌려 주님을 알아본 뒤, 밤길을 마다하지 않고 그분 곁으로 왔고, 결국 그 밤에 영원한 생명에 이르는 지름길에 대해 듣게 되었습니다.

조용필이 노래한 『바람의 노래』 가사에 이런 말이 있습니다. '나는 이 세상 모든 것들을 사랑하겠네….' 세상의 일들을 통해 하늘의 일을 알아보는 영적 시력이 회복되면 우리는 이 세상 모든 것들을 사랑할 것입니다. 하느님의 자리를 박차고 내려오신 그분께서, 이제 나에게 그 '진리'를 전하라 맡기시고 바람처럼 우리의 활동을 돕고 계시다는 믿음이 굳건하시길 빕니다.

이 평화로운 공동체 안에서도 각기 느끼는 감정의 동요와 기복이 있습니다. 그럴지언정 그것으로 서로 판단하거나 단죄하거나 상처받지 마시고, 오직 '영원한 생명'에 대한 희망으로 주님 말씀 안에서 신선하게 부는 바람처럼, 새롭게 태어나는 건강한 그리스도인들이 되시길 기도합니다.

> "하느님께서 보내신 이는
> 하느님의 말씀을 이야기합니다.
> 하느님께서 한량없이
> 영을 주시기 때문입니다."
> (요한 3,34)

 지난달, 분원장 수녀님으로부터 제14차 로마총회 서한 3호를 받아 읽어보았습니다. '아버지의 영광과 세상의 구원', 이레네 다발루스 전 총장 수녀님께서 툿찡의 회헌이 지닌 특별한 은사 가운데 중요한 한 가지에 집중하셨습니다. 회헌에 담긴 이러한 특별한 은사는 주님께서 지상에 내려오신 사명과 일치합니다. 삼위일체 하느님께서 보여주는 관계의 본질에 집중하여, 포교 베네딕도회원으로서의 특별한 삶의 양식을 지속하고, 규칙과 장상과 공동생활 안에서 하느님을 찾으며, 끊임없이 기도하고 글로벌한 다양성을 존중하는 가운데 교회의 복음적 사명에 충실히 참여하는 삶으로 계속 나아갈 것을 독려하고 있습니다.

부활 제2주간 목요일

오늘 복음에서 예수님께서는, 공간적으로 하늘과 땅, 위치상 위와 아래, 속성으로는 거룩함과 속된 것을 구분하시면서도 결코 따로 분리하거나 단죄하지 않으십니다. 당신에게 주어진 권위란, 이러한 공간과 위치와 속성을 연결하고 회복하기 위한 것입니다. 다만 그 말씀에 순종과 불순종에 따른 하느님의 정의가 결정을 내릴 거라 말씀하셨습니다. 믿음은 곧 생명, 불순종은 곧 하느님의 진노이니, 믿음은 그 말씀의 실행이라는 순종으로 이어져야 진정 살아있다는 그분의 뜻을 헤아립니다.

이러한 주님 말씀의 권위는 지상의 그 어떤 군주나 영웅에게도 주어지지 않았습니다. 그들의 권위는, 사람들의 약속과 지배와 통제, 때론 폭력과 전쟁으로 얻어진 것입니다. 복음서 여러 구절에서 예수님을 권위를 인정할 수밖에 없었던 군중은 사실 예수님라는 한 인물에 대해 모르는 게 더 많았습니다. 돈도 없고, 힘도 없고, 당시 지도부로부터 인정도 받지 못한 한 인물이 들려주는 이야기들에 뭔가 신비로운 힘과 알 수 없는 신뢰가 솟구칠 따름입니다. 그들이 그분의 권위를 인정했던 것은, 그분의 말과 행동이 오직 '하느님의 영광'을 드러내고, '세상의 구원'을 기다리던 간절함과 기대감이 더해진 것이며, 동시에 그분 숨을 통해 바람처럼 움직이는 '성령의 작용' 때문이었습니다. "우리는 그분처럼 말씀하시는 분을 보지 못했습니다"라고 고백했던 성전 경비병도, 마치 제 주인의 목소리를 알아듣는 종처럼 성령께서 스쳐 지나가신 흔적을 알아챈 것이라 할 수 있습니다.

툿찡 포교 베네딕도회가 지금까지 걸어온 수도생활을 돌아보면, 분명 주님의 말씀을 따라온 순종의 발걸음이었습니다. 거기에는 주님의 부르심과 수녀님들의 응답은 물론이고, 그 길로 인도하신 성령의 흔적도 남아 있습니다. 단순하게 흘러왔지만, 풍성한 열매들을 맺었습니다. '한국 진출 100주년'을 준비하면서 하느님께서는 그리스도께 부여하신 그 사명을 다시 새롭게 부여하고 있습니다. 한 세기의 역사와 발자취, 그리고 규칙서와 여러분의 그 훌륭한 회헌 안에서 '하느님께 영광, 세상에 구원'이라는 특별한 은사를 재발견하고, '하느님의 은사를 다시 불태우십시오.' 그러면 세상 안에서 하느님께서 참되심을 확증하는 그리스도의 권위에 우리 모두 참여하게 될 것입니다.

"버리는 것이 없도록
남은 조각을 모아들이시오."

(요한 6,12)

우연히 보게 된 한 청년의 인터뷰가 인상적입니다. 그는 한국 사회가 '모든 사람과 사물을 수치로 환산한다'고 하며, 그야말로 다른 나라에 비해 '돈에 미쳐 있다'고 꼬집었습니다. 왜관의 건축 관련 장로회에 들어가 논의하다 보면, 우리 수도원도 이러한 기류에 휩쓸려가는 건 아닌지, 다소 걱정이 됩니다. 오늘 예수님께서는 버려지는 게 없도록 남은 조각들까지 모으셨는데, 우리는 왜인지 모르게 낭비되는 게 보이기 때문입니다. 물론 건축비는 초기 예산보다 더 들어가는 것이고, 저보다 훌륭하신 장상들의 결정도 존중합니다만, 아낄 필요가 있는 것들도 깊이 고려했으면 하는 아쉬움이 묻어납니다.

제가 지난주 한 강론에서 '우리 인간은 물질과 영의 결합체'라는 말씀을 드렸습니다. 예전에는 교회도 육신으로 말미암은 무절제한 욕망보다 육신 자체를 죄악으로 바라본 적도 있었습니다. 그러나 신학적 인간학의 발전과 인간의 근본적 구성 및 본질에 대해 다시 성찰한 결과, 인간은 영과 육의 통합적 존재임을 인정해야만 그 존재가 완전함을 알게 되었습니다. 주님께서 사람이 되신 이유 역시, 이러한 인간을 죄와 죽음에서 구원하기 위한 목적 넘어, 우선 세계의 근간 곧 물질과 영의 성화를 인간 존재로 이루시고자 함이요, 만물을 당신께 통합하는 새 창조를 위한 위대한 뜻의 출발점으로 보아야 할 것입니다.

오늘 복음을 통해, 주님은 사람들에게 일용할 양식을 채워주심으로써 우리가 배고픈 인간임을 잊지 않으십니다. 물질과 영의 균형은 하느님께서 태초부터 인간에게 부여하신 본성이기에 지나치게 한쪽으로 기울어진 삶은 본성을 거스르는 일종의 죄가 될 수 있습니다. 성경을 통해 그리스도의 삶을 유심히 보는 이들만이, 그분이 맞춰가는 이 균형성을 민감하게 받아들이고 삶에 적용하는 지혜를 배웁니다. 미사를 통해 그리스도의 현존을 완전히 받아들이는 이들만이, 물질이 영적으로 거룩하게 변화되는 순간을 놓치지 않고 그분의 육화와 현존을 매일 만날 수 있습니다.

빵과 물고기로 군중을 배 불리시는 목자에게서, 가난한

손길 위에 펼쳐지는 하느님의 기적을 목격합니다. 이는 인간 안에 모든 것이 균형 있게 통합되길 바라시는 하느님의 뜻임을 기억했으면 합니다. 물질적으로 만족한 군중이 그분을 현세의 왕으로 모시려 하자 그 자리를 뜨신 예수님처럼, 셀 수 없는 '치우침'의 유혹들에서 자유롭게 떠날 수 있도록 늘 준비하고 있어야 하겠습니다. 현재 우리 왜관 수도공동체가 지금 고심 끝에 진행하고 있는 건축 현안들 역시, 이러한 통합과 균형의 길을 갈 수 있도록 성령께서 함께하시길 기도합니다. 규칙서 안에서 드러난 우리 사부 베네딕도 성인께서 가르쳐 준 '중용의 정신'을 다잡아야 합니다. 하느님의 뜻을 깨친 사람의 절도 있는 가르침에 감사하며, 지원자부터 장상들까지 이러한 사부의 제자로서 실천으로 나아가길 주님께 은총을 청합니다.

"나요, 겁내지 마시오."
(요한 6,20)

애덕 실천을 위해 제일 우선하는 것이 '관심'과 '다가감'입니다. 우리가 장기간 코로나로 인해 거리 두기를 했던 시기에는 이런 기회마저 얻지 못했습니다. 어쩔 수 없던 때라 영적 유대를 더 단단히 하기 위해 각별한 노력이 필요했고, 우리 기도는 그 어느 때보다 진실했습니다. 그전까지 경험해보지 못한 거리 두기는 서로에 대한 관심과 연민을 높였으나, 하루라도 빨리 해방되고 싶은 갈망이 더해지며 세찬 호수의 돌풍처럼 어지러운 시간이었습니다. 지인의 부고 소식이라도 들리면, 누군가에게는 큰 소용돌이가 되어 심하게 요동치는 영적 위기의 시간이기도 했습니다. 그러한 시기를 모질게 겪어내고 보니, 관계가 단절된 세상 속 교회는 그야말로 모진 풍파에 까불거리는 종이배와 다름없다는 걸 깨닫습니다.

오늘 복음에서 주님께서는, 그 큰 위기를 경험한 우리에게 당신이 기꺼이 가까이 오실 분임을 알려주시며 말씀하십니다. "나다, 두려워하지 마라." 혼란스러운 세상 안에서 큰바람에 이리저리 흔들리는 교회의 나룻배는 결코 파선하거나 뒤집히지 않습니다. 어쩌면 하느님의 일상은, 세상의 모든 풍파에도 그 위를 조용히 거닐며 당신의 뜻을 좇아 열심히 땀 흘리는 사람들 위에 은총의 손을 펴시는 일이 아닐까 합니다. 한마디 호령으로 모든 어지러움을 잠재울 수 있지만, 그저 당신 제자들 곁으로 묵묵히 걸어 다가오시는, 그렇게 당신이 곁에 있음을 발견하도록 안내하는 것으로 충분한 용기와 희망의 은총입니다. 우리 일상에서도 마찬가지입니다. 이리저리 휘둘리게 만드는 갖가지 유혹과 감정 탓에 '죄와 벌'에 대한 책임감이 우리의 어깨를 무겁게 만들 수 있습니다. 완전하지 않기에 그 완전함을 닮아가려고 노력하는 부족한 인간일 뿐입니다. 그렇기에 중요한 한 가지만 놓침 없이 살려고 노력하면 충분하지 않을까 합니다. 아우구스티노 성인께서 말씀하셨습니다. "(그저) 사랑하라. 그리고 네가 하고 싶은 대로 하라." 그러므로 끊임없는 기도 안에서 위기에 처한 이들을 공감하고 우리 마음에 품는 것부터 늘 새 마음으로 시작하면 됩니다.

제자들이 호수 위를 걸어오시는 주님을 보고 두려워했다는 오늘 사화는, 실상 모든 인간이 죽음의 그림자와 어둠 속

실체 없는 존재에 대한 본성적 거부감이 연관되어 있습니다. 코로나 시기 훨씬 이전에, 모든 천재지변 혹은 전염병에 속수무책이던 사람들은 쉽게 우상을 세우고, 거기에 헛된 기도를 하고, 재앙의 원인과 책임을 약자들에게 돌리며 때론 잔혹해지기도 했습니다. 우리 역시 두려움과 거부감 탓에, 코로나 전염 초기에 그러했습니다. 그러나 돌아보면, 차츰 우리 사회 전체가 비교적 지혜롭게 헤쳐 나갔다고 생각합니다. 이제 우리는 죽음을 새로운 삶으로 건너가는 하나의 문으로 삼아 매 순간 응답하는 사람들임을 더욱 자각합시다.

거친 흔들림은 있을지언정, 그분의 현존을 의식하고 끝까지 나아가면 우리의 목적지, 곧 주님께서 마련하신 그 많은 자리 가운데 한 곳에 어느새 닿아 있으리라 믿도록 합시다.

부활 제3주일

"그대들은 이 일의 증인입니다."

(루카 24,48)

파스카 신비는 부활의 증인들이 세상에 그 기쁜 소식을 온 세상에 전염시킴으로써 더 깊어집니다. 생명이 소생하는 이 부활 시기는, 만나는 모든 이들을 이 파스카 신비에 초대하고 분별 있는 행동으로 악의 거짓된 고발을 반박하며, 주님의 변호에 더욱 의탁하는 시기입니다. 사순시기에 주님의 수난과 죽음을 기억하며 자신을 절제했던 것과는 다소 결이 다르다고 할 수 있습니다. 이제는 자신이 주님 부활에 참여하기 위해 부족한 점이 무엇인지 깊이 성찰하고, 전혀 변한 게 없어 보이는 이웃의 모든 점을 한결 넉넉한 마음으로 받아들이며, 주님의 현존을 더욱 가까이 체험하는 시기로 만들어야 합니다. 세상의 빛으로 새롭게 변모하는 시기입니다. 하느님께서는 죄 많은 우리를 끝끝내 버려두지 않으시고, 우리로 하여금 모든 민족에게 죄의 용서와 회개를 위한 '살아있는 증인'으로 파견하길 원하시기에, 이제 그 말씀들에 우리의 충실히 응답해야 하겠습니다.

　오늘 복음에서, 부활하신 주님께서 제자들에게 '평화'를 주시며 '죄의 용서를 위한 회개가 주님의 이름으로 모든 민족에게 선포되어야 한다'고 말씀하셨습니다. 요한의 첫 번째 서간에서는 예수님이 우리 죄에 대해 변호하고 세상을 위해 속죄 제물이 되기 위해 오셨음을 증언합니다. 이러한 하느님의 뜻대로 '주님의 평화'는 구체적으로 부활을 통해 실현되었습니다. 부활 후 그분이 전하신 '주님의 평화'가 무엇을 뜻하는지 우리 마음에 진심으로 새겨본다면, 요한 복음사가가 전한 주님의 변호를 잘 이해할 수 있고, 더 나아가 그것이 삶에 얼마나 큰 힘이 되는지 놀랄 것입니다.

　구약에서, 시편이나 욥기 등 여러 곳에 나타나는 악의 주된 업무가 무엇인지 엿볼 수 있습니다. 악의 역할은, 선을 좇는 이들의 열정을 죽이기 위해, 유혹과 간계를 퍼뜨릴 뿐만 아니라 바로 하느님 앞에서 우리를 이간질하고 '고발하려고' 대기 중임을 표현하고 있습니다. "사악한 증인들이 일어나 제가 모르는 일을 저에게 묻습니다.", "그를 거슬러 악을 세우고, 고발자가 그의 오른쪽에 서게 하라." "욥이 까닭 없이 하느님을 경외하겠습니까, 그의 소유를 한번 쳐보십시오. 그는 분명 당신을 저주할 것입니다."(시편 35,11; 109,6; 119,154; 욥기 1,9-11; 예레 18,19; 20,10; 즈카 3,1) 하지만 부활하신 주님께서 악마의 간계와 모략으로부터 우리를 변호해 주시는 분입니다. 그분을 통해 드러난 하느님의 위엄과 사랑 때문에, 소위 이 거짓 고발자들의 운명은 묵시록에 다음과 같이 나타납니다. "우리 형제들의 고발자, 곧 그들을 우리 하느님 앞에서 밤낮으로 고발하던 자가 내던져졌다."(묵시 12,10) 우리가 얻은 진정한 희망은 바로 이것입니다. 거대한 구조적 악의 사슬에 묶여 죽음과 죄의 고리, 악과 그 졸개들이 벌이는 갖가지 유혹과 나쁜 영향력, 손상된 인간의 자유의지와 파괴된 선한 의지, 그로 인해 자유롭지 못한 언행과 오해, 갈등과 폭력에서 우리 안에 숨은 진실을 올바로 보게 만드십니다. "이들은 자기들이 하는 일을 모릅니다." 하지만 "그들은 자기들이 찌른 이를 바라볼 것입니다."

오늘 독서와 복음을 통해 우리는 하느님의 자녀로서, 주님의 '형제이자 증인'이 되기 위해 세상에 존재함을 알려주고 있습니다. 악의 고리는 우리 개개인의 역사를 죽음이라는 구체적 종말로 몰아붙였습니다. 그러나 그것은 곧 지상의 역사를 초월하는, 곧 부활이라는 구체적 사건을 통해 하느님 자녀로서 누리게 될 '평화'를 되찾아 주었습니다. 그 평화는 우리가 지은 죄와 죄로 인해 생겨난 세상의 부조리를 바로 잡을 수 있는 자유를 회복하였고 회개와 용서로 매 순간 새롭게 태어날 때 비로소 완성되는 주님의 사랑을 전해줍니다.

　주님께서 사도들뿐만 아니라, 우리를 당신의 '증인'으로 임명하셨습니다. 하느님을 믿고 그분과 화해를 이루고자 문을 두드리는 예비 신자들 역시 포함됩니다. 자기 삶에서 하느님의 말씀을 진지하게 받아들일 자세를 갖춘 사람들 모두, 그분의 거룩한 법정에서 피고인 신분이 아니라 '증인'으로 배석할 것입니다. 무릇 증인은, 모든 이들 앞에서 진실만을 발언합니다. 그게 의무입니다. 악의 고발자들이 거짓으로 꾸며낸 온갖 유혹과 미혹에 흔들림 없이 당당하게 증언할 준비를 갖추도록 노력해야 합니다. 악에 침묵으로 동의하는 묵비권을 포기해야 합니다. 그리스도의 증거자로 끝까지 남아 있길 원하는 우리의 삶 역시, 회개와 보속, 용서와 화해의 삶을 통해 진실한 행동으로 세상에 '발언'해야 하겠습니다. 주님의 보호와 변호가 함께 하기에 그것이 곧 우리의 힘이자 기쁨이 될 것입니다. 이러한 희망과 믿음을 통해 파스카의 신비가 가져온 부활의 기쁨과 평화를 나름의 방식대로 널리 전염시키는 하느님 자녀로서의 삶이 되시길 기도합니다.

부활 제3주간 월요일

썩어 없어질 음식을
얻으려고 힘쓰지 말고
(요한 6,27)

그리스도인들에게 가장 기초적인 삶의 두 가지 지침이 있다면, 그것은 우선, 영원한 것에 더 치중하는 마음이고, 둘째로 세속적인 유혹들이 다가오면, 무엇이 더 중요한지를 묻고 거기에 단연한 의지를 발동하는 실천의 자세일 것입니다.

만물은 사랑하되, 세속적인 모든 것을 지나갈 것들로 여기게 되면, 우리 마음도 자연스레 드높여지게 되어 있습니다. 오늘 복음에서 예수님께서는 그 많은 군중을 먹여 육신의 배고픔을 해결하시고 홀연히 자리를 떠나 다른 곳으로 가버리십니다. 그리고 당신을 찾아낸 군중에게 육신의 양식보다 영원한 양식에 대해 말씀하십니다. 이제 우리로 하여금, 참된 양식이 어디서부터 나오는지 다시 한번 깨닫게 합니다.

육적 양식은 우리의 입을 거쳐 뒷간으로 빠져나갈 것을 알고 있지만, 내 안에 온갖 욕심과 나태를 암 덩어리처럼 남겨 놓을 수 있습니다. 우리는 그것을 영원한 양식으로 성화시켜 하느님을 기쁘게 해드릴 거룩함의 에너지원으로 삼아야 하겠습니다. 지금 우리 마음이 먼저 무엇을 찾아야 하는지를 깨닫고 지상의 것들을 유용하게 사용하는 지혜를 간구합시다. 그리고 영원히 남을 말씀과 생명에 더 투신할 굳센 믿음의 은총을 간구합시다.

부활 제3주간 화요일

> "주님 예수님, 제 영을 받으소서."
> (사도 7,59)

10년 전, 오늘이었습니다. 처음에는 놀랐고, 잠시 안도했다가 그게 아님을 알고 분노했으며, 안타까움에 잠을 설치다가 다시 분노와 안타까움을 반복했습니다. 세월은 무심히 흘렀지만, 지금쯤이면 장성하여 각계각층에서 사회의 일원이 되었을 그때의 아이들을 생각하면, 시계가 거꾸로 돌아가 그때의 슬픔과 절망을 생생하게 떠올리게 만듭니다. 기도했고 또 기도했으나 응답 없던 서해 앞바다를 지켜보며 고개만 떨구던 지난 2014년 오늘, 그로부터 10년이란 시간이 지났으니 우리는 아직도 미어지는 가슴을 안고 그날을 기억합니다.

물론, 그날 이후로도 우리 사회는 많은 인명피해와 참사, 대형 사고를 겪었습니다. 안전에 대해 그토록 무감각하게 지내며 숱한 사람들의 희생이 발생해야 조금씩 변하는 사회가 참 안타까웠습니다. 나와 내 가족만 아니면 된다는 이기심으로 유족들이 겪고 있는 내적 아픔에 공감해주지 못하고, 되려 이제 그만하라 호통치는 사람들과, 정치와 연관 지어 온갖 추측과 거짓으로 몰아가는 사람들, 심지어 단원고 아이들의 희생이 현재 우리 사회가 겪고 있는 썩은 지점을 명확하게 보여주고 있건만, 이를 철저히 외면하는 사람들과 함께 같은 하늘 아래에서 숨을 쉬고 있습니다. 고백하자면, 그 당시 생때같은 이들의 죽음을 직관했기에 생긴 일종의 트라우마가 이 시기에 문득문득 내면의 폭력성을 건드리고 있습니다. 하지만 늘 그렇듯이, 현재는 과거의 원망과 질타의 시간이 아닌 교정과 회개, 용서와 화해의 시간이 되어야 하겠습니다. "주 예수님, 우리 모두의 죄를 용서하시고, 그들의 영혼을 받아주소서." 스테파노 성인의 마음으로 주님의 자비를 청합니다.

내일 듣게 될 복음 말씀대로 준비 없이 희생된 모든 이들의 영혼이 그분 안에서 안식을 누리길 기도합니다. "나를 보내신 분의 뜻은, 그분께서 나에게 주신 사람을 하나도 잃지 않고 마지막 날에 다시 살리는 것이다." 교사와 학생, 일반인을 포함해 300명이 넘는 그날 세월호 희생자들의 영혼이, 부디 오늘 모든 미사 중에 기억되었으면 하고 평화의 안식을 누릴 수 있도록 주님께 의탁합니다. 이 사회의 안전망 또한 늘

부활 제3주간 화요일

그날의 충격을 잊지 않고 다시는 인재로 인한 희생이 없길 모두가 함께 마음을 모아 기도해 주시기 바랍니다.

(세월호 희생자들을 위한 위령미사 중에)

부활 제3주간 수요일

"나는 생명의 빵입니다."

(요한 6,35)

　우리 수도 형제 가운데 제 아버지뻘 되는 수사님 한 분은 그야말로 떡보입니다. 평소에도 반찬보다 맨밥을 더 수북하게 드시면서도 떡이 나올 때는 다른 형제가 남긴 것까지 싹 다 털어가시는 분이 있습니다. 제가 서울에서 본원으로 돌아온 지 얼마 안 되었을 때, 아침 식사가 끝나고 나오는 복도 모퉁이에서 그 수사님이 말씀하셨습니다. "수도 생활을 잘하려면 뭘 잘해야 하는지 아느냐?" 나름의 비결이나 싶어 호기심 어린 눈으로 "그게 뭔데요?" 하고 물어보았습니다. 그 대답이 "떡을 잘 먹어야 해!" 하며 웃으라고 하는 이야기였는데, 저에게는 이 대화가 그날 온종일 화두가 되었습니다.

　오늘 복음에서 주님께서는 당신을 생명의 빵이자 결코 갈증 날 걱정 없이 마셔도 되는 참된 음료로 자신을 말씀하십니다. 모세 시절에 육신 생명을 위해 내린 만나와 달리, 그것은 분명 인간의 능력 밖에서 하느님이 직접 전해준 영원한 생명의 표징이자 실재하는 기적임을 알려주십니다. 지금 주님의 식탁 둘레 모여 있는 우리에게 당신의 말씀과 거룩한 몸을 내어주시고, 이 거룩한 자리를 영원한 생명을 넘겨주는 자리요, 실제로 또 하나의 예수님으로서 우리를 세상에 파견하기 위해 보내시는 자리로 삼으십니다. 성체성사는 아버지께서 명하신 영원한 생명의 보증입니다. 세속적 삶의 방식에서 다시 그분을 향한 거룩한 삶의 방식으로 끊임없이 변화시키는 육화된 말씀입니다. 하느님이 당신 자신을 드러내 보여주시는 계시의 신비입니다. 우리는 매일 같이, 세상 그 어떤 피조물도 감히 접할 수 없는 하느님의 생명, 신비의 성사, 천상의 밀떡을 영접하고 있습니다만, 과연 그 떡을 어떤 마음으로 맞이하고 있는지, 또는 잘 먹고 있는지 내적으로 깊이 성찰해 보면 좋겠습니다.

우리 떡보 수사님의 무심결에 본인이 좋아하는 음식에 대한 지나가는 예찬 때문에, 감사하게도 그날의 풍성한 내적 화두는 지금까지 남아 있습니다. 이제 성찬의 식탁 둘레에 모여 있는 우리가, 하느님 아버지께서 그리스도를 통해 전해주실 영원한 생명의 말씀과 성체를 정성스럽게 모실 수 있도록 다시금 깨어 있는 자세로 준비합시다.

> "내가 주는 빵은 세상의 생명을 위해 주는
> 내 살입니다."
>
> (요한 6,51)

　인천의 무료 밥집 '민들레 국수집'을 다들 아시리라 생각합니다. 그곳을 운영하는 서 베드로 형제님과 언젠가 오랫동안 대화할 기회가 있었는데, 누군가 그에게 "그렇게 공짜로 밥 퍼주면 몰려오는 사람들을 어떻게 다 감당하느냐?"라고 물어 왔을 때, 이런 대답을 했다고 합니다. "가난한 사람일수록, 품위를 가진 것이 없을수록, 체면을 더 차립니다. 그런 사람들이 체면 차리다가 굶어 죽을 지경까지 가거든요." 살다 보면, 정의로운 분배의 원칙만 앞세우다가 자칫 생사기로에 서 있는 이들을 놓칠 수 있겠다 싶었습니다. 가난한 사람들이 체면 차리다 굶어 죽는다는 그의 대답에서 느껴지는 연민은, 곧 주린 배를 안고 국수집 문을 두드리는 이들의 간절함을 먼저 헤아려 보게 만듭니다. 아울러 오늘 독서와 복음을 관통하고 있는, 바로 '먹히는 존재' 의미를 곰곰이 묵상하게 됩니다.

먹을 양식과 물질적 풍요는 삶에서 중요한 부분을 차지합니다. 물론, 인간의 존엄성은 결코 물질적 조건에 달린 것이 아닙니다만, 우리는 현실에서 빵과 살림살이를 위해 매일 노동하고 있고 그 일자리와 관련된 걱정을 더 앞세우기도 합니다. 오늘 복음을 통해 주님은 당신을 '생명의 빵'이라 지칭하시며 하느님 자녀들이 누릴 최종적이고 궁극 생명임을 단호히 선포하셨습니다. 무엇을 더 중요한 가치로 여겨 생각하고 행동해야 하는지 깨우쳐 주십니다. 비록 육신의 생명을 위한 물질적 필요가 우리를 구속할 수도 있겠지만 그 상태에서 해방을 만끽할 수 있도록 꾸준한 준비와 균형이 필요합니다. 사도들이 하느님 나라를 전할 때에 예수님께서 하신 말씀을 우리는 기억합니다.

"전대에 돈주머니도, 빵도, 여벌 옷도 지니지 말고 가십시오."(마르 6,8) 복음 선포의 기쁨은 우리 이름이 하늘에 기억되고 있다는 희망에서 오며, '음식 먹을 겨를조차 없어도'(마르 6,31) 결코, 죽지 않는 신비로운 힘을 경험하는 은총에서 비롯합니다. 바오로 사도는 코린토 둘째 서간에서 말합니다. "씨 뿌리는 사람에게 씨앗과 먹을 양식을 주시는 분께서는(…) 그것을 마련해 주실 뿐만 아니라 곱절로 늘려주시고, 의로움의 열매 또한 많게 하십니다"(2코린 9,10)

열왕기에서 엘리야 예언자의 신비로운 체험이 이를 상징적으로 보여줍니다. 그는 목숨이 위태로운 절망적인 상황에서, 주님이 직접 차려주신 밥상 덕분에 '정화의 사십일'을 밤낮을 쉬지 않고 달릴 수 있었습니다. 이 과정에서 그를 감싼 절망은 희망으로 변화되었고 그분의 명령을 거침없이 실행할 수 있었습니다. 주님은 우리가 전혀 상상하지 못하는 방법으로 늘 모든 것을 돌봐주십니다. '민들레 국수집'을 비롯하여 소외된 이들의 재활을 돕는 모든 자선 단체가 직접 체험하고 나누는 이야기 또한 이와 비슷합니다. 힘들고 어려운 시기일수록 하느님의 거침없는 자비의 손길이, 어느 순간 뜬금없지만 조용하게 나타나기 때문입니다. 세상은 현재의 삶보다 미래를 위한 투자에 더 힘을 쏟기 위해 '쌓아 놓길' 더 갈구합니다. 그러니 남에게 마땅히 돌아갈 몫까지 자기 주머니에 쑤셔 넣는 것을 당연하게 생각합니다. 이 때문에 세속적 사고에 젖어버린 신자들 역시, 하느님 도움의 손길은 밀쳐두거나 의심하고 심지어 믿지 않습니다. 이러한 불신은 근본적으로 자기 자신을 더 내세우고 의지하려는 계기에서 출발하여 쉽게 악으로 기우는 결과를 가져옵니다.

에페소인들에게 보낸 편지에서 사도 바오로는, '하느님의 성령을 슬프게 하는 불신에서 벗어나자'고 우리를 초대하고 있습니다. 그리고 '당신 자신을 하느님께 바치는 향기로운 예물과 제물로 내놓으신 주님을 본받자'고 당부합니다. 누군가에게 먹히는 존재가 되는 것을 두려워하지 말고, 우리의 모든 것이 되어 주시는 하느님을 세상에 증거 하자는 격려입니다. 우리에게는 현세의 삶에서나 내세의 삶에서나 언제나 생명이 되어 주시는 그리스도께서 살아 계시다는 굳은 믿음이 있습니다. 이 믿음 안에 깨어 있지 못하면, 따끈한 '생명의 빵'이 돌덩이처럼 딱딱하게 굳어 버릴 것입니다. 죽음이 바로 이 경직된 상태입니다. 몸소 유연한 빵과 생기를 주는 포도주로 우리에게 오시는 주님은, 단순히 밀가루 제병이 아니라 직접 보고 만질 수 있는 우리 모두의 생명으로 지금 이 순간 오십니다. 감히 단언컨대, 여러분 모두가 이 영원한 생명을 품고 있는 살아있는 '감실'입니다. 각자 자기만 살고자 하는 것이 아니라, 나를 통해 내 주변 모든 사람에게 살아계신 하느님의 생명을 전달하고 보관하고 관리하는 역할이 주어졌음을 명심하시기 바랍니다.

'민들레 국수집'이 언론에 등장하면서, 황당하게도 고급 외제차를 타고 공짜 밥 먹기 위해 오는 사람들도 더러 있었다고 합니다. 그곳 봉사자들은 비록 '밑 빠진 독에 물 붓기'라도 '그 안에서 콩나물은 자라길 바라는 마음'으로 계속 일하고 있습니다. 무상으로 퍼주는 것이 세상의 눈에는 낭비 같을지 모르겠으나, 내어주고자 하는 그 마음 때문에 꺼져가는 생명의 불씨들이 살아나고 있음은 부인할 수 없는 사실입니다. 한 끼가 아쉬운 이들이 작은 밥상에 행복해하는 모습을 바라보며 수고의 땀을 닦아내는 이들이야말로 어쩌면 오늘날 육화하신 주님의 살과 피가 아닐까 합니다.

육신의 생명을 챙겨주면서 동시에 영원한 생명을 이어받도록 온몸으로 복음을 선포하는 이 시대의 의인들을 본받아, 오늘 우리에게도 생명의 빵으로 오시는 주님을 만나 뵙고 영원한 생명으로 나아가는 성숙한 신앙인이 되길 주님께 의탁합니다.

> "내 살은 참된 음식이요
> 내 피는 참된 음료입니다."
> (요한 6, 55)

　이번 주간 내내 우리가 들었던 복음 내용은 참된 음식과 참된 음료에 관한 주님의 말씀입니다. 사람들이 먹고 마시는 식사 자리 위에, 당신의 거룩한 성체성사를 세우신 주님께서는 몸소 빵과 포도주를 마련하셨습니다. 믿음으로 다가오는 이들에게 그것이 당신의 몸과 피임을 깨우쳐 주시고, 세상 모든 것이 썩어 없어질 것들에 속해 있어도 당신이 주시는 그 사랑의 살과 피를 받아 모시면 영원히 살 것이라 알려 주십니다. 옛 시대 아브라함이 자기 아들을 제물 삼아 하느님께 향한 믿음을 보여 준 것처럼, 이제 하느님께서 당신의 아드님을 통해 인간을 향한 당신의 마음을 보여주고 계십니다. 당시 많은 이들이 이 말씀을 이해하지 못했고, 이해할 수 없었고, 이해하길 거부했습니다.

매 미사 때, 예수님께서 당신 자신을 생명의 빵으로 내주시는 성변화의 그때, 우리는 성체가 쪼개지는 소리를 듣게 되면서부터 아주 조금씩 변화합니다. '그리스도 안에서 한마음, 한몸이 되게 하소서'라는 사제의 기도문은 그저 낭송이 아니라, 하느님께서 원하시는 일치의 뜻입니다. 그 뜻에 부합하는 정성 된 마음으로, 주님의 몸과 피를 받아 모신 이들은 이기적인 본성을 초월하여 서로가 서로에게 다가가기 때문입니다. 그분이 건네주신 '생명의 양식'을 받아 모시며 주님의 십자가 희생과 부활을 끊임없이 기억하고 되새긴다면, 성체로부터 흘러나오는 은총에 우리는 그분의 모든 말씀을 머리가 아닌 영적으로 받아들이고, 이해할 수 있는 은총을 얻게 할 것입니다. 따라서, 믿는 이들 곁에 언제까지나 함께 있다는 약속의 보증이요, 매일 우리의 삶을 그리스도와 인류 공동체를 하나로 일치시켜주는 영적 양식이자, 지금의 생명 넘어 죽음도 어쩌지 못할 영원한 생명으로 건너가게 해주는 하느님의 자비임을 의식하며 온 마음으로 그분을 받아들여야 하겠습니다.

아울러, 우리는 이 시대에 다른 나라의 육적 기아 상태도 관심을 가져야 하겠지만 이 사회 안에 깃든 영적 기아 상태도 놓치지 말아야 합니다. 내적 공허함과 외로움이 현대인들이 만성 질환으로 자리 잡았습니다. 고독과 침묵, 공허와 허탈감 역시 인간이 지닌 내적 상태의 한 부분임을 깨닫지 못하고 뭐든지 채워지지 않으면 불안해하는 병에 걸렸습니다. 고독과 공허함을 견디지 못하고 죽음을 생각하거나, 삶의 기쁨을 잃고 우울한 그늘 속에 머물러 있습니다. 일부 신자들이나 수도자들도 그러합니다. 성체를 받아 모실 때, 그분의 몸과 피를 제대로 의식하지 못한 결과이기도 합니다. 주님처럼, 자신을 죽이려고 덤벼드는 이들을 용서해달라고 간청한 스테파노와 같이, 모든 사람에게 되려 순순히 자비의 빵이 되어 준 성인들을 기억합시다. 이 시대 모든 형제자매들이 복음과 성체로 내적 풍요를 얻고 그것을 나누는 소중한 지체들로 거듭날 수 있도록 이 미사 중에 기도해 주시기 바랍니다.

"아버지로부터 주어지지 않으면
아무도 내게 올 수 없다."

(요한 6, 65)

부제 시절, 교수 신부님께서 강론 때 자작시 같은 거 읽지 말라고 가르치셨습니다. 강론 준비가 미흡한 걸 그렇게 티 내지 말라고 하셨는데, 다양하게 복음의 메시지를 전할 수 있는 시대에 그 수단 하나를 막아버리는 거 같아서 저는 이 말씀을 서품받고 딱 5년 동안만 지켰습니다. 복음은 늘 전해야 하는 본질과 핵심은 놓치지 않되, 시대에 맞는 새로운 언어로 전해져야 합니다. 시청각 미디어에 익숙해진 지금, 복음을 단순히 길게 설명하기보다 고심하여 적은 한 줄의 단어를 통해 더욱 깊이 있고 수월하게 주님의 뜻을 안내받을 수 있지 않을까 합니다. 또 그러길 소망합니다.

해 떨어진 어느 선선한 저녁 날, 산책 겸 나선 거리 모퉁이에서 떨어지는 벚꽃잎을 눈에 담고 오늘 주님께서 말씀하신

한 구절 "아버지께서 허락하지 않으시면 아무도 나에게 올 수 없다"를 반추하며 회개에 대한 묵상으로 몇 자 기억나는 걸 함께 나누고자 합니다.

스치는 바람이 온순하여
밤하늘 바라보기 좋으니

수도원 정원이 흘린 고요에
취해,

부끄럼 잠시 잊고
얼굴을 위로 치켜들고서

다시,
어둠에 이 몸 감추고자
삐그덕 문을 엽니다.

알몸으로 와서
그곳으로 돌아갈
어떠한 채비도 아니 했는데,

썩어버릴 것들 돌보려

숱한 연줄 잘라냈던

지난날이 의아한
한 저녁, 한순간.

봄꽃은 한해를 돌아
내 곁에 다시 왔건만,
꽃 옆을 서성이며
내, 슬퍼지는 연유를

맥 빠진 손으로
묵주 알 굴리며
헤아리는 이유는

분명,
내 돌아갈 그곳이
너무나 그리워지는
까닭입니다.

부활 제4주일(성소주일)

"나는 내 양들을 알고
내 양들도 나를 압니다."

(요한 10,14)

　가톨릭 성가 1번 '나는 믿나이다'를 들을 때마다 지금도 가슴이 벅차오릅니다. 그 곡을 처음 들었을 때의 감동이 아직 가슴에 남아 있는 모양입니다. 청원자 시절, 수도 생활의 열정만 있었을 뿐 아무것도 모르는 풋내기 시절 어느 날, 미사 입당곡으로 연주되어 수사님들의 걸걸한 노랫소리로 들려온 이 성가로 눈물을 흘린 때도 있었습니다. 믿음은 거저 주어지는 것이 아니라, 그분의 부르심과 나의 응답이 만나야 이루어진다는 신비가 문득 마주했기 때문입니다. '성소', 그 거룩한 부르심은 독신과 성직과 진리에 몸 바친 특별한 사람들의 귓가에만 맴도는 일종의 환청이나 메아리가 아니라, 우리 모두 이미 세례성사를 준비하던 때에 들었고, 세례를 받던 때에 들었으며, 세례 후 오늘도 듣고 있는 하느님의 목소리입니다. 그리고 온전한 마음으로 응답해야 할 '하느님의 현존' 그 자체입니다.

부활 제4주일(성소주일)

　부활 제4주일이자 성소 주일인 오늘 복음에서처럼, 그분 목소리를 알아듣는 주님의 양들을 위해 부르심에 응답할 수 있는 용기와 결단의 은총을 청해야 하겠습니다. 이 시대에 수도자로서 고귀한 부름을 받아 교회와 세상에 봉사하기 위하여 준비하고 있는 젊은이들이 마치 구약의 엘리사처럼, 자기 스승 엘리야의 겉옷을 움켜쥐고 놓지 않도록 기도합시다. 교회가 뽑은 직무 봉사자로 부르심을 받은 이들 역시, 겸손과 성실과 깨끗한 마음을 잃지 않고 그리스도의 향기를 풍길 수 있길 항상 기억해 주시기 바랍니다. 지금 우리 공동체의 울타리 안에 있지 않지만, 잠재적으로 가까운 미래에 하느님을 함께 찾아 나갈 젊은 양들을 위해서도 우리의 끊임없는 기도가 절실합니다. 부디 아직 세상에 발을 담그고 있는 이상, 그릇된 욕망이나 유혹에 허우적거리다가 나태의 늪에 빠져, 주님의 부르심을 잃어버린 채 미지근한 이들이 되지 않도록 하느님의 은총을 청해야 하겠습니다.

　우리는 끊임없고 영원한 생명으로 부르심을 받았습니다, 그것은 하느님께서 인간과 최종적으로 만나기 위한 자리이기에 오늘도 그 길로 많은 사람을 부르고 계십니다. 구약에서 이스라엘이 새로운 땅으로 들어가기 위해 이집트에서 모세를 통하여 부르심을 받았듯이, 이 시대 많은 사람도 같은 부르심 안에 준비된 하느님의 자녀들입니다. 하느님의 선택과 부르심은 어느 특정한 사람에게나 주어진 것이 아니라, 인간으로 태어났다는 것 자체에서 이미 주어진 은총과 선물입니다. 그리하여, 우리는 크게 세 가지 부르심이 주어집니다.

첫째는 인간으로 태어났다는 그 사실 자체입니다. 깊은 절망에 시달리는 사람들이 때로 극단적인 선택을 하는데, 자신의 존재 가치를 부정하며 스스로 목숨을 끊어 죽음으로 모든 것을 묻어버리자 하는 허황 속에서 잘못된 선택을 고민합니다. 이는 유혹입니다. 태초에 사람을 당신 모상 대로 지어내신 분께서 우리를 인간으로 태어나게 하시고 그것을 충만하게 살도록 부르셨습니다. 각자의 삶에 어떤 얼룩이 묻어 있건 간에 이를 충실히 살아가는 것이 우리가 마땅히 드릴 응답입니다. 더 나아가 지상에서의 짧은 생을 마감하는 그 날, 그분을 통해 영원한 생명으로 인도될 수 있도록 당신의 아들을 통하여 자비와 사랑을 계시하셨습니다. 부모를 통해 받은 고귀한 생명과 그 삶을 하루하루 충실히 응답하며 살아가는 사람들, 반면 깊은 절망에 빠져 어둠 속 그늘 밑에 앉아 있는 이들에게 자신의 고귀함과 특별함을 잘 깨닫지 못한 사람들 모두가 존중받아야 할 그분의 지체입니다.

둘째는 하느님의 자녀로의 부르심입니다. 세례는 한 고귀한 인간 생명을 영원한 생명으로 인도하는 매우 거룩하며 중

대한 일입니다. 오랜 신앙생활 혹은 수도 생활로 자신의 영성이나 내적 마음가짐이 메말라 있기도 한데, 예비 신자들의 열심한 마음과 갓 입회한 형제들의 열정적인 모습에서 가끔 단비를 마주합니다. 지난날 우리의 초심을 되돌아보며, 그때 발견하지 못한 것을 발견합니다. 과거에 대한 성찰의 시간은 하느님 은총의 발자취 흔적을 찾아내는 귀한 시간입니다. 오늘 이 성소 주일에, 하느님의 부르심과 거기에 응답했던 나의 모습을 다시 떠올려보시길 바랍니다. 부르심과 응답은 단 한 번으로 끝이 아닙니다. 그것은 매년, 매월, 매일, 매 순간 느닷없이 다가옵니다. 하느님께서는 우리의 응답이 설령 재빠르진 않아도 늦게나마 반드시 돌아오길 기다리고 계십니다.

셋째는 교회의 봉사자, 온전한 투신, 봉헌, 축성으로서의 부르심입니다. 하느님의 백성으로 뽑힌 이들의 모임 안에 필요한 봉사자들을 뽑는 일에는 늘 성령께서 함께 하십니다. 이 직분은 공동체에서 그저 인간들의 규정이 정한 어느 일정 권한을 떼어 받는 것이 아닙니다. 그리스도를 닮아 섬기고, 아끼고, 돌보고, 관리하라는 하느님의 명에 응답한 사람들에게 성령의 은사와 그분의 현존 안에서 겸손하게 봉사하라고 주어지는 거룩한 직분입니다. 이는 하느님의 특별한 부르심과 부름받은 사람들의 매우 결연한 의지가 함께 작용하여 이루어지지만, 그 주변에 있는 많은 이들의 기도는 물론이고 주님의 은총이 함께 해야만 성실한 응답이 가능한 부르심입니다. 사제로서, 혹은 수도자로서 교회 안에 특별한 위치에 있는 사람들은 그들의 응답 자체가 하나의 위상이나 자랑거리가 아닙니다. 사도 바오로는 복음을 자기 자랑이나 개인적 이득을 위하여 선포하지 않았습니다. 전하지 않으면 안 되는 것이기에 어쩔 수 없이 전파하였고, 기쁘게 이곳저곳에 그리스도의 이름을 남겼습니다. 이처럼 보통 우리가 성소라고 부르는 이 특별한 부르심은 하느님께서 쓰시기로 선택하셨고, 교회가 인정한 사람들이 합당하고 겸손한 마음으로 받아들이면서 시작되는 섬김의 자리입니다. 겸손의 자리입니다. 관리와 모범의 자리입니다.

교부 치프리아누스는 '교회밖에는 구원이 없다'고 했습니다. 이 말의 뜻은 교회 울타리 밖에서는 누구도 구원받을 수 없다는 단정이라기보다, 아직 부르심 받지 못한 각 시대에 모든 사람이 앞으로 부르심을 받고 응답할 잠재된 신앙인들임을 알려주는 것입니다. 많은 사람이 '이미' 왔지만 '아직' 완성되지 않은 하느님 나라의 구성원들입니다. 인간은 누구나 절대적인 그 무언가를 끊임없이 갈망하고 찾고 있다는 점에서 제 나름의 '영성'을 추구합니다. 우리는 그리스도께서 가르쳐 주신 길에 따라 그 길에 온전히 투신한 사람들일 뿐입니다. 결국, 이 세계를 신앙인과 무신론자로 구분 지을 수 없으며, 가톨릭이라는 이름에 걸맞도록 미래에 많은 이들에게로 열린 교회가 되어야 하겠습니다.

이 시대에 아직 자신이 부르심을 받고 있다는 사실 자체를 거부하거나, 알아듣지 못하는 많은 사람이 '나는 믿나이다'라는 성가의 멜로디와 가사에 감화되어 진리의 빛과 복음의 기쁨을 누릴 수 있도록 은총을 청합니다.

> "내가 온 것은 양들이 생명을 얻고
> 또 얻어 넘치게 하려고 왔습니다."
> (요한 10,10)

살아있다는 건 참 경이로운 일입니다. 제 의지를 갖고 느낌과 감정에 따라 반응하며 또 그 반응을 서로 주고받는 유기적 생명체들은, 그럴 능력이 없는 무생물과 비교해 보면, 자신이 얼마나 큰 신비 앞에 존재하는지 깨닫게 될 것입니다. 우리가 살아있다는 이 신비를 두고 매 순간 깨어 의식한다면, 하느님 부르심은 비단 세례나 수도생활 뿐만 아니라, 바로 인간으로 태어났다는 사실 자체가 하나의 초대요, 부르심이란 사실도 알게 될 것입니다. 생명을 주신 분께 충실한 삶으로 진지하게 응답할 새 마음가짐이 주어지지 않을까 합니다.

오늘 독서와 복음은 공통적으로 생명의 길, 생명의 문에 대해 말씀하고 있습니다. 베드로 사도가 야포 시에서 보았던 환시는, 예수님의 파스카 신비가 이제 이스라엘이라는 국가적 테두리를 벗어나 전 인류적으로 열린 새길이 되었다는 일종의 복음 선포입니다. 할례와 율법을 벗어나 은총의 여정으로 부름을 받은 모든 피조물이 응답할 수 있는 새로운 초대가 된 것입니다. 그 옛날 시메온이 예언한 것처럼 '다른 민족들에게는 계시의 빛이요, 이스라엘에게는 영광'이 되는 생명의 길입니다. 주목할 점은, 이때 베드로 사도를 동반하신 성령의 이끄심입니다. 복음에서 주님께서는, 목자의 주된 역할이 바로 생명을 넘치게 주는 데에 있음을 말씀하셨습니다. 교회의 중심에서부터 갈릴래아 변방까지 주님의 이름을 대리하고 있는 직무 봉사자들은 그분의 이 마음과 목소리를 지니고 있어야 합니다. 베드로 사도에게 '내 양들을 먹여 기르시오'라고 세 번이나 거듭 말씀하신 주님의 분부를 마음에 새기고, 오늘날 미디어 속에서 양들을 현혹하여 혼란을 일으키는 '죽음의 문화'에서 주님의 양들을 찾아와야 합니다. 그러기 위해서는 베드로와 동반하신 성령의 바람이 오늘날 교회 안에도 새롭게 불어오길 희망합니다.

나와 내 형제들이 살아있다는 것이, 새로운 감사로 마음 속에 자리하길 바랍니다. 또한, 모든 생명의 신비를 단순하게 취급하지 않고 부지런히 묵상하는 하루 되시길 바랍니다. 그분이 오늘 우리에게 주신 숨과 건강이 넘치고 또 넘쳐 나 자신만을 위한 '누림'이 아니라 '나눔'이 될 수 있도록 은총을 청합니다. 그분 목소리에 귀를 기울여, '주님 목소리를 듣게 되거든 우리의 마음을 무디게 가지지 않고' 충실히 그 초대에 응답하는 삶으로 나아갑시다.

"나와 아버지는 하나입니다."

(요한 10,30)

　우리는 지금 밝고 환히 드러난 넓은 대로가 아니라 어둡고 좁은 통로를 더듬어 가는 여정 중에 있습니다. 그로 인해, 가까이 계신 분을 멀리서 찾고자 하는 경향이 있습니다. 어느 영성가는 믿음과 의심이 마치 신앙과 과학처럼 동전의 양면이며, 이 둘의 균형이 하느님께 나아가는 길이라 설명합니다. 십자가의 성 요한이 맞이했던 어두운 밤, 마더 데레사 성녀가 품었던 의심, 리지외의 데레사 성녀가 체험한 무신론 등 실제로 모든 의심은 '고통과 절망' 체험 안에서 '사랑과 희망'으로 건너가는 징검다리 은총이라 말씀드릴 수 있습니다.

　"아버지와 나는 하나이다"라고 말씀하신 오늘 복음 말씀에 주의를 기울인다면, 흔히 세상이 묻듯이 '하느님은 대체 어디 계신가?'라는 물음에 대한 답이 나오는 것 같습니다. 삼위일체 하느님께서 성자 안에서 당신을 이미 일치시키셨고, 그 믿음을 고백하며 살아가는 모든 자녀 안에서 또한 하나 되어

사시기 때문입니다. 오늘의 이 성체성사를 통해 신앙인들의 영혼 깊이 자리하신 하느님이십니다. 하느님은 우리가, 바늘에 찔리는 작은 고통에서부터 전쟁과 죽음의 크나큰 어둠의 순간까지, 반대로 커피 한잔의 작은 즐거움부터 사회적 성공을 이룬 큰 기쁨까지, 많은 이들의 삶 전체를 두고 늘 동행하시는 분입니다. '하느님이 어디 계시는가?', 바로 그분 목소리에 귀 기울이고 그 음성을 따라가는 이들 곧, '주님께서 여러분과 함께' 계십니다. 미처 깨닫지 못할 만큼 그분은 우리와 하나 되어 가까이 계시다는 사실을 묵상하고 기억합시다.

이사야 예언자가 말했습니다. "만나 뵐 수 있을 때 주님을 찾아라. 가까이 계실 때 그분을 불러라."(이사 55,6) 이제 그분과 진정으로 만나는 것이 중요합니다. 오늘 복음의 유다인처럼, 의심만 하며 고민하는 미지근한 마음을 버리고, 삶의 방향을 그분께 완전하게 돌리는 용기를 세상에 보여주도록 해야 합니다. 안티오키아에서 처음으로 불린 '그리스도인'이라는 호칭의 의미를 다시 기억합시다. 아울러 베네딕도 16세 교황께서 우리 신앙에 대해 명쾌한 정의 내리신 다음 말씀에 귀를 기울여 보시기 바랍니다. "그리스도인이 된다는 것은 윤리적 선택이나 고결한 생각의 결과가 아니라, 삶에 새로운 시야와 결정적인 방향을 제시하는 한 사건, 한 사람을 만나는 것입니다."(베네딕도 16세 회칙, 하느님은 사랑이십니다 1항)

> **"나는 빛으로서 세상에 왔습니다."**
> (요한 12,46)

갑작스러운 '눈부심'에 오히려 두려움을 경험한 적이 있으신지 모르겠습니다. 화창한 날씨, 장거리 운전 중 긴 터널을 지나갈 때, 어둑한 시설을 막 빠져나온 동공은 사물의 윤곽을 또렷하게 잡지 못하고 모든 걸 새하얗게 보여줍니다. 무엇보다 아침에 일어나 방에 불을 켤 때면, 그 빛은 또 얼마나 강하게 다가오는지, 눈의 적응을 핑계로 방에 불은 켜둔 채 잠깐 누웠다가 정신을 번쩍 드니 어느덧 30분이 훌쩍 지나 버린 신기한 체험도 합니다. 이런 눈부심의 경험과 다른 차원이지만, 오늘 복음 말씀 가운데, 빛으로 오신 예수님과 관련하여 프란치스코 교황님께서 하신 강론 말씀에 우리도 귀를 기울여 보시면 좋겠습니다.

"예수님의 사명은 '일깨우시는 것(밝혀 주시는 것)'입니다. 그분은 세상의 빛이시기 때문입니다. 사도들의 사명 역시 이러한 빛, 곧 예수님의 빛을 가져오는 것입니다. 왜냐하면, 세상이 어둠 속에 있기 때문입니다."

"예수님은 당신 백성에게 빛을 주셨지만, 그들은 그분을 거부했습니다. 우리의 죄가 우리를 눈멀게 했기 때문입니다. 우리는 빛을 견디지 못합니다. 왜냐하면, 우리의 눈이 병들었기 때문입니다. 우리가 악덕, 자존심, 세속적 정신에 눈이 멀어 있는 것은 아닌지(성찰해야 합니다. 그래서) 빛 속에서 사는 게 쉽지 않습니다. 빛은 우리가 보고 싶지 않은 우리 내면의 추악한 것들을 보여주기 때문입니다. 하지만 우리가 이러한 사실을 생각한다면, 장벽이 아니라 출구를 찾을 수 있을 것입니다. 예수님, 그분께서 '나는 빛이다'라고 말씀하시기 때문입니다."

"예수님이 세상을 심판하러 오신 게 아니라 구원하러 오셨습니다. 우리는 우리 일상의 어둠을 깨닫도록(주님께) 내어 맡겨야 합니다. 주님께서 '용기를 내라'고 말씀하십니다. 여러분은 깨우치도록 여러분을 내어 맡기고, 여러분 내면에 있는 것을 볼 수 있도록 하십시오. 왜냐하면, 여러분을 앞으로 이끄시고 구원하시는 분이 예수님이시기 때문입니다. 우리 내면의 어둠, 우리 일상의 어둠, 사회생활의 어둠, 정치 생활의 어둠, 국가와 국제생활의 어둠에서 우리를 구원하시는 분은 바로 주님이십니다."

그리고 교황님께서는 다음과 같이 덧붙이시며 마무리하십니다.

"회심이란 어둠에서 빛으로 건너가는 것입니다. 주님은 우리를 구원하시지만 먼저 우리의 어둠을 보라고 요구하십니다.(…) 주님은 착하고 온유하십니다. 그분은 우리 곁에 계십니다. 그분은 우리를 구원하려고 오셨습니다. 예수님의 빛을 두려워하지 맙시다." [5]

---

5) https://www.vatican.va/content/francesco/en/cotidie/2020/documents/papa-francesco-cotidie_20200506_dalletenebreinteriori-allalucedicristo.html 2020.5.6. 교황 프란치스코 강론 일부 발췌

성 마르코 복음사가 축일

"온 세상에
모든 피조물에게 복음을 선포하시오."
(마르 16,15)

제 신학생 시절, 석사논문 주제를 하나 정해야 했습니다. 서품 전까지 제출해서 발표해야 하는 논문 주제를 무엇으로 할까? 한참을 고민하다가, 온라인상 여러 커뮤니티 안에서 어떻게 복음을 전할 수 있을까? 하는 당시 그렇게 새롭지도 않은 주제에 도전해 보기로 했습니다. 셀 수 없이 다양한 커뮤니티가 있습니다만, 그 가운데 즐길거리와 오락거리만 가득한 온라인상에서 진지하게 숙고하고 성찰할 기회의 장과, 덧붙여 여러 컨텐츠 안에 조용히 스며들게 할 복음의 메시지를, 보다 효과적으로 전할 방법 등을 연구했던 기억이 납니다. 결론적으로 그 논문 주제는 후학들에게 맡기고, 다른 주제로 선회했습니다. 사실 이론으로 정리해서 도서관에 묻어둘 것이 아닌, 우리 삶 속에서 매일 실천해야 할 시대의 숙명적인 과제라고 생각했기 때문입니다.

불과 몇 해 전, 2020년 10월에 이태리 아시시에서 시복된 카를로 아쿠티스 복자를 아시는지 모르겠습니다. 불과 15세에 백혈병으로 세상을 떠난 복자는 타고난 컴퓨터 사용 능력을 가지고 세상을 떠나기 전까지 그 얼마 남지 않은 시간을 활용하여 웹사이트에 다양한 성체성사의 기적들을 모아 소개했습니다. 현대의 대표적인 기술과 문화를 자신의 재능과 능력을 통해 거룩하게 변모시킬 수 있음을 교회가 공적으로 선언한 시복식이었습니다. 어떤 이는 그의 짧은 생애에 보여 준 활동이 과연 시복의 대상이 될만한지 의심하기도 하고, 어떤 이는 이 시복을 통해 곧 인터넷의 수호성인을 기대할 수도 있다고 밝혔습니다. 어찌 되었든 시대가 변하고, 인간의 창의력과 기술 과학이 계속해서 발전한다 해도 그 모든 면에서 우리는 주님의 거룩함이 스며들 수 있는 도구 역할을 할 수 있다는 사실에 경탄하고 감사해야 하겠습니다.

마르코 복음사가 축일인 오늘, "온 세상에 모든 피조물에게 복음을 선포해야 할" 우리의 소명을 다시 자각합니다. 각자의 부르심에 맞는, 이 시대 새 복음화의 전략을 나름대로 구상해 보시면 좋겠습니다. 바람처럼 활동하시는 성령께서 우리와 함께 계십니다. 성령께서는 우리의 실패를 당신의 큰 계획안에 한 부분으로 삼으시고, 때와 장소에 맞게끔 복음 선포를 위한 다양한 실천의 용기와 인내는 물론이고 새로운 언어로 말할 능력을 주실 것입니다. 복음을 '글자나 소리'뿐만 아니라, '실천'이라는 새로운 언어로 육화시키는 작업에 대해 오늘 다시 한번 묵상하는 하루가 되시길 바랍니다.

제4주간 금요일

"나는 길이요 진리요 생명입니다."

(요한 14,6)

언젠가 한 번 강론에서 말씀드린 바 있습니다. 우리 각자는 이 세상을 비슷하게 인식하지만 각기 다르게 만들어가는 하나의 '세계'입니다. 가톨릭적 인간 존엄성의 뿌리가 되는 '하느님 모상성'은 바로 이 '개개인의 삶'이라는 자리에서 각자가 만들어가는 '개별적 세계'에 대한 깊은 존중도 포함하고 있습니다. 따라서 주어진 생명이 다해 그 세계가 닫히는 그 날까지, 우리는 창조된 피조물의 아름다움, 시간과 공간이 빚어내는 빛과 어두움 등을 다채롭게 경험하며 자신만의 세계에 충실한 책임을 지고 걸어가야 합니다. 덧붙여, 그 책임은 이미 창조된 모든 것들 안에서 '존엄하신 하느님'을 인식하고 숭고하게 숭배하며 순응하면서부터 비로소 올바른 길에 들어설 것입니다. 그것이 바로 복음이 제시하는 '길'이라는 말씀을 드립니다.

오늘 복음에서 말씀하시는 '아버지 집의 그 많은 거처'가 어떤 곳인지 우리는 알지 못합니다. 다만, 주님은 당신 부활로써 우리에게 주실 새 생명 안에 하느님이 직접 펼치실 나라를 약속하셨습니다. 지금 눈에 보이는 지상의 세계만이 전부가 아님을 우리는 알고 또 믿고 있습니다. 머리에 떠오르거나 상상조차 할 수 없는 그분의 거처를 향해 달려가는 이유입니다. 지금 내가 어디를 어떻게 달려가고 있는지 그 길을 끊임없이 돌아보고, 필요하다면 용기를 내어 바른길로 돌아설 수 있어야 합니다. 그분이 어떤 길로 가셨는지 알려고 노력합시다. 이미 알고 있다고 해도 그러합시다. 이러한 초대에 응답하는 삶, 구체적으로 예수님 그리스도를 통해 드러난 삶의 방식 모두가 바로 복음이 제시하는 '진리'라는 말씀을 드립니다.

또한, 이 복음의 '진리'는, 표면적으로 서로 순명하고 섬기려는 의지와 자세를 요청하지만, 더 밑바닥에 '사랑'을 깔고 있습니다. 헌신과 희생, 배려와 인내, 내 존재만큼 다른 이의 존재를 위해 주는 바로 그 실천의 순간이, 존엄하신 하느님의 빛나는 뒷모습을 찰나에 발견하는 순간임을 기억합시다.

타인의 생명을 위해 내 생명을 내어주는 각오를 갖게 되면, 주님께서 내 생명이 되어 주실 각오로 다가오십니다. 지금까지 내 중심적으로 살아온 삶의 방식을 과감하게 벗어던지고 하느님과 이웃, 오늘날 피조물을 위해 기꺼이 봉헌하는 삶에서부터, 바로 우리의 새 생명이 시작될 것입니다. 주님께서 그렇게 우리의 '생명'이 되어 주실 것입니다.

'길이요, 진리요, 생명'이신 주님의 말씀을 묵상하며, 우리가 하느님 아버지께 다가갈 수 있도록 당신 자신을 열어 보이신 주님께 감사의 하루를 봉헌합니다. 각자 지상에서 주어진 세계 안에 책임 있는 삶과, 지상의 순례 여정을 마치고 그분 거처에서 쉬기까지 서로 사랑하는 삶으로 살아갈 수 있도록 은총을 구하도록 합시다.

부활 제4주간 토요일

"너희가 내 이름으로 청하면
내가 다 이루어 주겠다."

(요한 14,14)

하루에도 얼마나 많은 화살 청원기도가 하느님께로 쏘아 올려지는지 알 수 없습니다. 분명 그분은 우리의 청원을 다 듣고 계시기에 혼자만의 독백이 아님을 우리는 알고 있습니다. 감사, 기복, 한탄, 찬미, 심지어 고자질 같은 얄팍한 기도 안에도 결국은 죽음에서 삶으로, 불행에서 행복으로, 불목에서 화해로, 절망에서 희망할 수 있도록 자신과 타인을 위한 의탁이 들어있습니다. 자녀로서 아버지께, 인간으로서 하느님께 드리는 대화이자, 청하고 두드리고 찾으라는 주님의 초대가 그 바탕이기에 뭔가 청하려면 제대로 해야 하지 않을까 합니다.

오늘 복음에서 예수님께서는, 하느님의 모습을 보고자 하는 이들의 갈망을 당신 안에서 발견하도록 이끌어주십니다. 그러면서 아버지의 영광을 위한 당신의 뜻과 일치한 청원은 무엇이든 이루어짐을 말씀하셨습니다. 지상에서의 필요를 넘어 결국 가장 좋은 몫으로 이끌어주신 것입니다. 주님께서 그러하셨듯이, 또한 주님의 이름으로 빌고 있는 모든 현세적 청원의 방향은 '하느님의 영광'을 위한 것이 되어야 합니다. 우리가 청해야 할 가장 궁극적 선물과 하느님께서 주실 가장 좋은 몫이란, 곧 내려오실 '성령'입니다. 성령께서는 우리에게 "너희에게 필요한 모든 것을 알고 계신 하느님"을 향하여 우리 눈을 들게 하시고, 세상 모든 청원의 근간이 되는 '생명'의 보증으로 우리에게 보내지셨기 때문입니다. 태초에 인간 창조의 가장 중요한 선물이자 부활하신 주님의 첫 번째 선물 역시 '당신의 숨'이셨음을 기억하시기 바랍니다.

모든 청원에는 내가 원하는 바를 넘어선 하느님의 뜻이 담겨야 합니다. 궁극에 그분이 약속하신 생명에 매달리는 사람만이 '마음이 가난하여 행복한 사람'이자, '어린이와 같은 사람'입니다. 우리의 필요를 다 알고 계시기는 분을 믿고, 상대적 박탈감보다는 매일 감사와 찬미의 삶을 이어가는 복된 사람들이 바로 '성령'을 이미 선물로 받았습니다. 그분의 순수한 자녀들로 변화될 은총을 청하며 감사로 시작하여 감사로 마무리되는 하루 되시기 바랍니다.

"나는 포도나무요
그대들은 가지입니다."

(요한 15,5)

어릴 적 저의 할머니도 그러하셨습니다. 벽에 못이 박힌 곳에는 전부 걸어 놓으셨던 묵주 가운데 하나를 집어 들고 당신의 자식들, 손주들, 친지들과 이미 돌아가신 조상들의 이름을 하나하나 부르며 닳고 닳은 묵주 알을 다 돌려야 잠이 드셨습니다. 낮에는 얼마 되지 않는 노는 땅을 호미질하여 손주들이 먹을만한 채소들을 캐내셨고, 남은 것까지 알뜰하게 보관한 뒤, 건넛집 아주머니나 놀러 온 친구분들 손에 들려 보내셨습니다. 어쩌다 보니, 초중고 학창시절을 이런 할머니 밑에서 자랐습니다. 가랑비에 옷 젖는 줄 모르고 '신앙'이라는 걸 받아들인 시간이었습니다. 지금 생각해보면, 분명 체계적 교리 지식을 전부 알지 못해도, 그 소박한 신앙 행위를 통해 교회라는 거목에 붙어 있는 작지만 생동하는 가지였습니다. 어려운 살림에도 주님의 은총을 고스란히 손주들에게 나눠주신 결과, 그 당시 전혀 예상하지 못한 열매가 이렇게 맺었습니다.

당신을 참 포도나무요, 우리를 그 가지에 빗대신 오늘 주님의 말씀을 통해, 그동안 맺은 숱한 열매들의 성과는 내 손이 아닌 아버지의 정성스러운 관리와 노고와 땀이 배어 있다는 사실을 알게 됩니다. 예전에 말씀드린 대로, 하느님의 일상은 당신의 뜻을 찾아 그 수고와 노력을 아끼지 않는 이들을 살펴보시며, 그 위에 은총의 손길을 펴시는 일이라 말씀드린 바와 같습니다. 어떤 환경에 처해 있던지, 어떤 학벌을 가지고 있던지, 어떤 집안에서 자라왔는지 상관없습니다. 주님께서는 세상 안에 당신의 그 깊은 사랑의 뿌리를 내리시고, 교회라는 줄기를 통해 은총의 수액을 전해주시며, 이러한 거목에 바짝 붙어 있는 모든 자녀를 '각자의 처지에 맞는 부르심'으로 활짝 꽃피게 만드십니다. 꽃잎은 자신의 시간을 알고 떨어지지만, 열매는 꽃이 떨어진 자리에서 익어가는 법입니다. 지금 우리가 애써 뿌리는 씨앗들이 탐스러운 열매가 되기까지 먼 미래일 수 있습니다. 그 미래가 지금의 현재와 지나온 과거를 통해 이루어질 현실임을 생각한다면, 우리가 고요히 머물러 있어야 할 곳, 하느님께서 마련하신 지상에서의 자리를 꽃자리로 여기지 않을 수 없을 것입니다.

그러므로 우리의 청원이 어떤 자세여야 하고 또 무엇을 지향해야 하는지 성찰합시다. 단순하지만 충실한 마음의 청원과 의탁은 나를 넘어선 초월적 바람이며 동시에 하느님께서 전지 전능하시다는 고백입니다. 교회라는 줄기는, 역사 안에서 정립한 신학과 교리에만 의존하지 않습니다. 비록 그러한 지식을 충분히 갖지 못했어도 단순하고 순박한 이들의 신앙에 더욱 단단하게 의존하고 있습니다. 교회는 사람들이 지닌 영적 감수성과 이성을 깨우고 복음을 가르쳐 알게 하는 사명도 충실해야 합니다. 동시에 묵주 알 하나라도 정성을 다하여 신앙을 고백하며 청원하는 이들의 순수함도 잊지 않고 도리어 배워야 합니다. '하느님'이라는 단어를 입에 올리지 않아도 될 만큼 모든 일상에서 하느님 찾기, 그리고 하느님과 이웃 사랑이 몸에 배어 있는 기도의 습관은 어떤 지혜롭고 달콤한 강론보다 효과적인 선교 방법입니다.

저의 할머니께서 고백하신 단순한 신앙, 그러나 그 단단한 믿음의 핵심을 감히 돌아보며 한마디로 정의하자면, '하느님은 모든 것을 아시지만 우리는 정말 아무것도 알 수 없기에 맡겨 드림'입니다. 판공 성사 시기가 오면, 교회의 권고에 따라 불편한 몸을 이끌고 고해소에 들어와 "아이고, 사는 게 죄지유….' 하시는 분들의 그 고백이 모든 것을 표현하고 있습니다. 세상에 왜 불의와 불공정, 폭력과 질병, 슬픔과 죽음이 있는지 모르겠지만, 그 무지를 고백하며 바치는 묵주기도 안에서 모든 희망을 봉헌하셨기 때문입니다. 죽는 날까지 그 믿음과 희망을 손에서 놓지 않고 그분 안에 머물 수 있는 순수함이 바로 교회의 보물이 아닐까 합니다.

　우리를 키우시는 농부께서 오늘도 일하십니다. 아버지께서 일하시니 참 포도나무와 줄기도 지금 이 순간까지 그 뿌리에서 은총의 샘물을 길어 올리고 있습니다. 그러니 그분의 지체이자 가지인 우리 개개인의 자리를 다시 점검해야 하겠습니다. 세상 안에 있지만, 더더욱 그분 안에 머물러 있도록 노력합시다. 그분이 약속하신 곧 오실 성령님과 성령께서 맺어주실 풍성한 열매를 바라며 그로 인해 우리 아버지의 영광이 더욱 빛날 수 있도록 주님께 의탁합시다.

"협조자, 성령께서 모든 것을 가르쳐 줄 것이다"

(요한 14,26)

"오, 성령님. 제 마음에 오시어 당신의 힘으로 저의 마음을 참 하느님이신 당신께 이끄시고, 놀라운 사랑으로 저를 받아주소서. 당신의 지극히 너그러운 사랑으로 저를 뜨겁게 하시고 불타게 하소서. 거룩하신 아버지, 자비로우신 저의 하느님이여, 모든 어려움에서 저를 도우소서. 사랑이신 그리스도님." 시에나의 성녀 가타리나의 기도문 가운데 일부입니다. 성녀는 참 어지러운 시국에 태어나 교회의 분열 조짐을 목격했고, 온갖 모함을 받으면서도 자신에게 들려오는 목소리를 분별력 있게 귀 기울일 줄 아는 분이셨습니다.

이러한 성녀의 기념일에 듣게 되는 오늘 복음에서는, 주님의 드러나심이 온 세상보다 당신을 믿는 이들에게 보내질 성령 안에 자신을 드러내겠다고 말씀하십니다. 주님이 보내실 보호자께서는 말씀대로 행동하고 지키는 이들 위에 머무르시고, 그 사람을 성화시켜 가르치고 기억나게 하는 역할을 하시기 때문입니다. 그러면서 당신을 사랑한다고 입으로만 고백하는 많은 이들에게 그것의 진정성을 몸소 실천하여 보여줄 것을 요청하셨습니다. 모두가 주님의 계명을 알고 있습니다만, 실천에 있어 약함을 인정합니다. 보호자 성령께서 드러나는 지점은 바로 이 약함에서부터입니다. 가타리나 성녀 역시 자기 혼자만의 무기력을 인정하고, 그 도움을 성령께 청하는 기도를 바치는 순간부터 행동들이 변화하고, 이웃이 변화되고, 교회가 변화되고, 세상의 변화를 가져오셨습니다. 실제로 성녀를 통해 분열과 타락으로 떨어지던 교회는 다시 정신을 차리기 시작했고, 당시 많은 이들이 이것을 목격하였습니다.

"교회는 스스로 선택한 가난과 보잘것없는 어린양의 거울이어야 하고, 가난한 이들에게 부를 나누어 주어야 하건만, 이 얼마나 부끄러운 일입니까? 세상의 사치와 야망, 그리고 허망 속에서 살고 있지 않습니까? 그것은 세속인들보다 천 배는 더 나쁜 것입니다."라고 당시 교황님을 질타했던 성녀는 죽기까지 자기가 받았던 오상의 기적까지 숨겨둔 겸손의 모범이었습니다. 보호자 성령님께서 부족한 우리에게도 성령의 일곱 가지 은사 가운데 특별히 '용기와 경외심'의 은사를 다시 굳세게 해 주시기를 청합시다.

"이 세상 두목이 오고 있습니다."

(요한 14,30)

근래에 주요뉴스 한 줄을 장식한 가슴 아픈 소식을 접했습니다. 마약사범 가운데 20대, 30대가 현저히 많아졌다는 이야기입니다. 외교, 안보, 대북, 정치 관련해서는 대단히 많은 소식이 쏟아지지만, 이 시대 청년들이 지고 있는 십자가와 그들의 현실적인 고뇌에 우리 사회가 어떤 태도를 취하고 있는지, 그 결과를 적나라하게 보여주는 소식 같았습니다. 단순히 호기심을 넘어, 세상의 물질적 환락추구를 우상으로 섬기는 이 시대 아픈 청년들이 약물을 통해 현실도피를 꿈꾸고 있습니다.

세상이 준다는 평화는, 인간적인 조건과 수단으로 물질적인 안정과 한시적으로 흐를 즐거움을 마치 영원할 것처럼 제안합니다. 이와 다르게 주님께서 주시는 평화는, 계속해서 변해가는 현실 조건에도 설사 그것이 불안하고 고통스럽고 두려움을 가져오는 상황에서 도리어 내적으로 굳건한 믿음으로 말미암은 영적 안정을 지니고 있습니다. 부활하신 주님께서 사랑하는 아버지께 되돌아가신 뒤 보낼 협조자 성령께서는 바로 이러한 평화를 가지고 우리 안에 머물러 계십니다. 이 평화를 위협하는 세상의 우두머리는 바로 '교만'이 아닐까 합니다. 하느님보다 우월하다고 떠받쳐주는 세상의 유혹이 질서를 흩트리고 혼란에 빠지게 하기 때문입니다. 주님께서는 당신에게 아무 권한이 없는 우두머리에 대해 언급하시며 아버지의 명령에 따라 그대로 순종한다는 것을 세상이 알게 되길 원하셨습니다. 아버지를 더 위대하다고 말씀하신 주님께서는, 인간의 '교만'이 불러오는 여러 악의 가운데에서도 자신이 감당할 수 없는 삶의 왜곡이 성령께서 가져올 평화를 깨뜨리는 것도 경계하십니다. 크게 보자면, 세상의 막강한 권력가들이 행사하는 힘이란 대부분 이 '교만'으로부터 나온 상대에 대한 '폭력과 죽음'에 있습니다. 작게 보자면, 우리 스스로 자기 자신에 대해 통제할 수 있다는 '확신의 교만'이 그 출발점이 아닐까 합니다. 하느님께서 마련하신 복음의 길에 순종함으로써 이 '교만의 두목'이 우리의 평화를 위협하는 일이 없도록 주님께 의탁합시다.

자신의 행동과 선택에 대해 지나친 자신감을 느끼는 효과, 다른 사람들보다 더 우월하다고 느끼는 효과, 현실과 동떨어진 환상의 세계를 만드는 효과, 정서적 문제나 외상에서 비롯한 괴로움을 마비시키는 효과, 그러면서 스스로 제어하고 있다는 착각, 비현실적인 세계에서 감각을 왜곡하는 효과 등이 마약의 주된 효과입니다. 이 모든 게 환각이자 환상에 불과하지만, 젊은이들이 현실을 왜곡하고자 깊은 중독에 빠져 헤어나오지 못하고 있는 일들이 점차 퍼져가고 있는 시대입니다. 그들을 지배하고 있는 세상 우두머리의 자리를 주님께 내어드리고 진정한 평화 가운데 머물길 기도하며, 건전한 삶의 회복을 위해 기도해 주시기 바랍니다.

부활 제5주간 수요일(노동절, 근로자의 날)

"내 아버지는 농부이십니다."

(요한 14,30)

"존엄은 권력, 돈, 문화에 의해 형성되는 것이 아닙니다. 존엄은 노동에 의해 이뤄집니다. 개개인의 존엄에 있어 노동은 근본적입니다. 사회적 정의의 잣대를 넘어서는 이기적 이윤추구 때문에 세계에 얼마나 많은 실직자가 있는지 생각하고 있습니다." 프란치스코 교황님께서 성 베드로 광장에서 하신 말씀입니다. [6]

올해 노동자의 날, 근로자의 날을 맞이하여 노동의 가치를 떨어뜨리는 무수한 사회정책들에 우리가 지녀야 할 정의로운 태도는 무엇인지 성찰해 보는 날이 되시길 바랍니다. 노동

---

6) https://v.daum.net/v/20130502203010124?issueId=615 2013.5.2.일자 한겨레 기사에서 재인용.

자와 이를 사용하는 사람들 모두가 나름의 자리에서 노동의 가치를 실현하고 있습니다만, 우리가 오늘 특별히 기억해야 할 노동자란 사회적 불의에 의해 낙후되고 소외된 가난한 노동자들입니다. 요셉 성인은 이런 이들의 피와 땀을 잊지 않고 하느님께 전구하고 계십니다.

노동에는 다양한 분야가 있습니다. 인간의 활동이 다양한 만큼, 사회 조직과 시스템이 다변화하면서 자연스럽게 사람들의 일자리가 생기고 없어지길 반복합니다. 이런 사회 구조 안에서 이 시대 노동자의 권리란 우선, 노동에 따른 마땅한 임금을 제때에 지급받는 것이고, 안정적이고 지속 가능하며 자기 계발을 할 수 있는 기회를 보장받는 것이며, 변화 가운데에서도 다시 일 할 자리를 충분히 제공 받는 것입니다. 불안정한 시스템에 보완을 추구하고, 거기에 적응할 기회를 충분히 마련해 주는 것이 기업 윤리이자 정치가 해야 할 몫입니다. 그러나 자신이 평생을 바쳐 헌신적으로 일한 이들의 생계를 단번에 막아버리는 무자비하고 대책 없는 구조조정은 지금도 벌어지고 있습니다. 이익만 추구하는 일부 경영인이 자기 회사의 노동자들을 '노예'처럼 바라보는 그릇된 시선과 '일자리' 창출에는 신경 쓰지만 이후 정당한 노동의 대가에 있어서 침묵하는 정치인들의 위선 때문입니다. 물론, 자본주의 구조 안에서 생겨난 일자리는 그 자본의 흐름에 따라 달라질 수 있습니다. 그렇다면, 자본이 우선이 아닌 '사람'을 더 우선시하고 '정의로운 분배'를 실현하고자 부지런히 생각하고 실천하는 게 중요합니다. 부당한 대우에 신음하고 있는 이들이야말로 내 이웃임을 직감하고 더 큰 그림으로 세상을 바라볼 줄 아는 혜안을 얻게 될 것입니다. 경영에서 기업의 본질은 이윤추구가 핵심이지만, 복음 정신에 따라 경영하는 모든 이들은 사회 전체에 생명수와 같은 공동선의 물꼬를 트는 일이 우선입니다.

수도원 울타리 안에서 행해지는 모든 노동의 의미를 다시 기억합시다. 수도자의 노동은 하느님 찾기의 일환이자, 지역 사회의 도움이요, 무엇보다 기도의 연장임을 사부께서 말씀하셨습니다. 그렇다면, 수도원 울타리 안에서 우리와 함께 일하고 있는 일꾼들, 즉 우리가 벌인 모든 사업에 동참하고 있는 직원들은 어떻습니까? 요셉 성인은 복음 속 군중 안에 숨어 있는 가난한 노동자들의 대표이자, 하느님께서 오늘 복음에 드러났듯이 자신에게 주어진 포도나무를 정성껏 가꾸고자 묵묵히 자신의 땀을 흘리는 창조의 도우미였습니다. 그런 이들이 우리 주변에서 나와 함께 일하고 있습니다. 수도원의 각종 사업은 우리를 통해 주님께서 벌이신 '사목'임을 기억하며, 부당한 대우로 그들의 마음을 아프게 하거나 세속적인 방식으로 대우하는 일이 없도록 노력해야 하겠습니다.

성 아타나시오 주교 학자 기념일

"너희도 내 계명을 지키면
내 사랑 안에 머무를 것이다."

(마르 16,15)

　　누군가의 표현을 빌리자면, 우리나라를 '종교 백화점'이라고 합니다. 수녀님들 가운데 '삼소회'에 참석하시고 종교 간의 대화 프로그램을 진행해 보신 분들도 계셔서 알겠지만, 한국 사회는 정말 신심의 성향이 강하고 뚜렷합니다. 『세상의 주인』이라는 1907년 작품으로, 로버트 휴 벤슨 영국 신부가 쓴 소설에 보면, 지금 이 시대는 복잡한 현실 세계를 연구하고 분석하느라 초자연적인 것은 등한시하는 사회적 분위기로 변모합니다. 그 시절, 오늘날의 종교적 성향을 미리내다 본 것입니다. 가톨릭교회는 정치와 폭력으로 점차 소멸해가고 사람들은 초월적 신앙의 대상을 굳이 실존하는 인간에게서 찾으려 갈망합니다. 이 때문에 세상의 주인이자 신의 자리는 한 정치인으로 대체됨을 묘사하고 있습니다.

굳건한 믿음과 탄탄한 교리지식 위에 자리한 우리의 이성은, 대체로 유사종교가 내미는 이상한 교리와 사상을 이해하지 못합니다. 그들의 말에 담긴 거짓과 위선이 빤히 보이기 때문에 애써 이해하려 들지도 않습니다. 그러니 당연히 흔들림도 없습니다. 그러나 세상 속에서, 세상을 헤쳐 나가며, 세상의 논리로 살아가는 평범한 이웃들은 상황이 조금 다릅니다. 유사종교들이 벌이는 온갖 행사와 유인책들을 자세히 들여다보자면, 그들은 사람들 내면의 '틈새', 약한 믿음의 '균열', 소외와 허전함의 '사각지대'를 교묘하게 파고듭니다. 이상한 교리를 내세우지만 그건 그 틈새 공략을 위한 부수적 도구에 불과합니다. 이런 이단의 출현은 예나 지금이나 계속해서 일어났습니다. 그러나 성령께서는 올바른 길을 항상 지켜주고 계십니다. 오늘 우리가 기념하는 아타나시오 주교 성인 역시 교회가 자칫 그리스도의 신성을 부인하는 분위기에 휩싸여갈 즈음, 이를 지켜만 보지 않고 자신이 믿는 바를 당차게 선포하며 반박합니다. 정통교회의 신앙 고백이 지닌 한 줄, 한 줄의 의미를 결코 가볍게 여기지 않고 미래 세대의 교회가 빠져서는 안 될 곧은 길을 지키셨습니다. 성인은, 오늘 복음 말씀대로 '주님의 가르침을 지키며, 그분의 삶이 보여 준 방향에서 그 어떤 폭력 앞에서도 굴하지 않고, 길을 잃을 뻔한 양들에게 이정표이자 보호자 역할을 했습니다. 그렇게 그분 사랑 안에 머물러 있었던 양치기'입니다.

앞서 소개한 책에 이런 구절이 있습니다. '신은 없고 인간만이 존재하며, 성직자는 없고 정치가만이 존재하며, 예언자는 없고 교사만이 존재한다는 진리, 이를 배우고 자란 수많은 사람이 사는 이곳 런던은 얼마나 아름다운가.'(p.54) 작가가 예리하게 살펴본 유사종교의 특성입니다. 오늘날 주교회의 유사종교대책 위원회에서도 한국 사회에 침투하여 온갖 사회적 질병을 일으키는 '사이비 종교'의 공통점으로 위와 같은 특성을 파악하고 대책을 마련하고 있습니다. 사람들 내면에 깊게 숨겨진 그 '틈새'를 돈벌이용 시장으로 보지 말고, 우리가 사랑으로 다가가 채워줄 수 있는 노력이 필요합니다.

주님 안에 머물러 있는 우리의 기쁨이, 거짓 때문에 상처받고 만신창이가 된 모든 이들의 기쁨이 될 수 있도록 더욱 간절히 기도해야 하겠습니다.

"나를 믿는 사람은
내가 하는 일들을 할 것이다."

(요한 14,12)

교회의 기둥 열두 사도의 의미를 좀 더 깊이 헤아려 보았으면 합니다. 주님께서 뽑으셨고 그분의 가르침을 직접 받아 전한 업적과 복음 때문에 목숨을 바친 증거자의 삶도 있지만, 무엇보다 주님을 본받아 여러 모욕과 불명예, 무시와 폭력 앞에서도 끝까지 인내했다는 점에서 참된 주님의 도구들이 아니었나 싶습니다. 그들은 주님 말씀대로 끝까지 참고 견디어 세상에 복음을 전하는 사명으로 주님께 도움과 은총, 부활의 기쁨을 몸소 체험한 반석들입니다.

인간적인 면모야 우리와 별반 다름없었을지 모르겠지만, 오늘 복음에서 주님께서 직접 말씀하셨듯이 순수한 믿음 하나로 하느님 나라를 위해 큰일들을 이루기 위하여 쓰인 사람들입니다. 자신들의 활동을 통해 하느님께서 이루신 교회의 수많은 기적을 무엇하나 빠짐없이 기억하고 기념하며 은총의 발자국을 믿음의 눈으로 확인했던 사람들입니다. 그들은 자신들 곁에 계셨던 성자를 통해 보이지 않는 성부의 진실한 사랑과 자비를 보았고 거기에 희망을 둘 줄 아는 사람들이었습니다. 그렇기에 성령의 그릇 역할을 충실히 할 자격을 얻었습니다. 오늘 우리가 기념하는 필립보와 야고보뿐만 아니라 이방인의 사도 바오로를 비롯하여 주님 승천 이후 시대에 복음을 전한 사도들, 그리고 오늘도 새로운 개척지에서 선교활동을 펼친 선교사들까지 오직 하느님 나라에 대한 예수님 말씀에만 모든 희망을 걸고 땀 흘려 복음을 전파하는 주님의 종들이 세상 곳곳에 우리와 같이 존재했고 존재하고 있음을 기억하며 기도해 주시기 바랍니다. 우리의 기도는 교회가 자신의 사명에 충실한 영적 힘을 충전하는 밑거름이기 때문입니다. 그리하여, 마주 오는 세상으로부터의 모욕과 멸시, 심한 폭력이나 박해를 두려움 없이 받아들이고 앞으로 나아갈 수 있습니다.

오늘날 세상은, 교회가 자기들과는 반대 노선으로 간다고 하여 박해하지 않습니다. 오히려 교회 내부의 문제점, 추문에 대해 심각한 우려와 질타할 수 있습니다. 주님의 교회는 나약한 이들이 모인 공동체이지만, 끊임없는 회개의 삶으로 하느님 사랑 안에 머물러 있는 이들임을 기억합시다. 또한, 사도들이 초창기 교회를 자신들의 멸시와 모욕으로 굳건히 지킨 것과 같은 인내를 항상 기억합시다. 필립보와 야고보 사도를 기념하며, 다시 한번 주님의 십자가와 결합한 부활의 참된 의미를 마음에 새기고 우리도 더욱 정진할 수 있는 은총을 청하도록 합시다.

부활 제5주간 토요일

"종은 주인보다 높지 않다."
(요한 15,20)

　그리스도교 신앙은 하느님께서 밝혀주신 말씀을 통하여 삶의 신비와 기준을 이해합니다. 하느님은 이스라엘 역사 안에서 계명을 통해 죄가 무엇인지 비춰주셨고, 예언자들을 통해 미지근한 이를 뜨겁게 하셨으며, 마지막에는 세례자 요한을 통해 주님을 알게 하셨습니다. 바로 이 주님께서 우리 삶의 참된 행복과 불행의 기준을 가르쳐 주십니다. 다른 형제나 공동체로부터 섬김받는 게 행복이 아니라 낮은 자리에 먼저 들어가 거기서부터 자신을 비우고 섬기는 것이 참된 행복이라는 것입니다. 복되게도 우리 공동체는 보이지 않는 곳에서 겸손의 모범이 되는 충실한 형제들이 많습니다.

　종과 주인의 위치를 파악하고 실천하는 이들의 행복을 말씀하시는 오늘 복음은, 역으로 보자면, 불행의 시작이 바로

'교만'임을 말하고 있습니다. 교만은 실로 다양한 모습으로 나타납니다만, 그 뿌리는 분명합니다. 하느님은 물론이고 그 무엇보다 자신을 더 중심에 세워 앞서가려는 눈먼 마음과 생각입니다. 여기서부터 가지를 치고 뻗어 나가는 불행의 열매가 바로, 형제에 대한 엄격한 잣대와 위장된 선심이며, 죄에 대한 무분별과 자신의 소유욕을 하느님으로 혼동하는 온갖 생각과 행동임을 알 수 있습니다. 이러한 것들로부터 절단의 칼을 뽑아 휘두를 수 있는 굳센 결심이 바로 깨어 있는 자세입니다.

하느님의 종들로서, 각자 내면 깊숙한 제단 위를 깨끗이 청소하는 시간을 마련합시다. 불쑥 일어나는 교만의 찌꺼기들이 우리의 내면을 어지럽히고 올바른 선택을 방해하기 때문입니다. 우리가 종들이며 파견된 사람들입니다. 이는 겸손도 아니요, 진실입니다. 세상의 주인처럼 행세를 하거나 다른 이 위에 군림하려는 무의식을, 의식의 수면 위로 건져 올려 정화시키는 진정한 행복을 위한 작업에 충실할 수 있도록 주님께 은총을 청합니다.

부활 제6주일(생명 주일)

"내가 명하는 바는 이것입니다.
서로 사랑하시오."

(요한 15,17)

지난 2019년, 프란치스코 교황님의 권고 『그리스도는 살아 계십니다 Christus Vivi』가 발표되었습니다. 처음부터 끝까지 그리스도를 통한 희망과 젊음에 대해 이야기하고 있습니다. 인상적이게 이 권고 안에는 어떤 한 위대한 시인의 시절이 다음과 같이 소개되어 있습니다.

"내가 되찾은 것, 그것을 되찾기 위하여
나에게는 먼저 잃어야 할 것이 있었다.
내가 얻은 것, 그것을 얻기 위하여
나에게는 먼저 감내해야 할 것이 있었다.

내가 지금 하는 그 사랑을 위하여
나는 먼저 상처받아야 했다.

나는 고통받을 만큼 받았고,
울 만큼 울었다고 생각한다.

마침내 나는 깨달았기 때문이다.
이 모든 고통을 겪지 않고서는
지금 누리고 있는 것을 참으로 누릴 수 없었음을.

마침내 나는 깨달았기 때문이다.
나무에 만개한 꽃들은
저 아래 묻힌 것들에서 생명을 얻고 있음을."(108항)

"여러분이 젊은데도 힘없고 지치고 실의에 빠져 있다면, 예수님께 새로운 힘을 청하십시오. 예수님과 함께라면, 희망은 결코 사라지지 않습니다."(109항) 라고 젊은 그리스도인들을 독려하고 계십니다.

오늘은 부활 제6주일이자 '생명 주일'입니다. 시대가 발 빠르게 변하면서, 많은 부분이 인간의 편리를 위해 발전하였고 그 발전으로 간편한 삶의 영위와 여유가 생겨났습니다. 그러나 인간의 이면은 언제나 그늘진 곳에서 자극적인 심상을 건드리는 것들에 더 민감한 촉을 내세웁니다. 빠른 변화의 속도와 이 변화의 촉매제인 자본의 소유가 부족하면, 뒤떨어진 낙오자의 오명을 스스로 부여하거나 알 수 없는 불안감에 휩싸입니다. 경쟁의 구도를 조장할 수밖에 없는 시스템으로 돌아

부활 제6주일(생명 주일)

가는 세상이기 때문입니다. 경쟁 시스템을 발전의 원동력으로 삼기 때문입니다. 그러니 숫자로 환산된 상중하 부류가 나뉘고, 어떤 누구와도 깊은 관계의 뿌리 내리지 못하며 삶을 공허한 것으로 여겨 처지를 비관하거나 공허와 박탈감에 휩싸이는 내적 혼란의 시기를 한 번쯤 경험합니다. 당연하게도 모든 것에 대한 '싫증'이 오고, 더 나아질 수 없다는 '절망'을 마주합니다. 희망이 증발한 부정적 기류에 그 옆은 '자의식'마저 휩쓸리게 되면, 더는 그 무엇도 생각할 수 없고 오직 한 가지만 떠오르기 마련입니다. 바로 '죽음'입니다. 자신의 존재 의미를 찾을 수 없을 때, 부지불식간에 찾아오는 이 불청객은 바로 이러한 흐름으로 조용하게 우리의 숨통을 스스로 끊게 만드는 강렬한 유혹을 들고 문을 두드리기 시작합니다.

우리의 소중한 규칙서 안에 숨은 보물 같은 말씀 가운데에서, '죽음을 기억하라'는 구절이 있습니다. '생명을 기억하라, 삶을 기억하라, 지난날의 활기참을 기억하라'가 아닌, 죽음에 대한 기억입니다. 예수님의 죽음을 기억하여 부활에 대한 믿음으로 나아가라는 의미로 받아들일 수 있지만, 우리는 규칙서 저자가 아니기 때문에, 이 짧은 문장 안에 담긴 뜻을 명확히 헤아릴 수 없습니다. 다만 이 구절에서도 우리는 역설을 발견합니다. 베네딕도 성인께서 말씀하신 'Memento Mori'는, 정적인 베네딕도회 정주 생활 안에서 굉장히 역동적인 에너지를 부여하는 말씀입니다. 죽음을 기억함으로써 지금의 삶의 소중함과 앞으로 우리가 맞이할 개인의 종말을 주님 말씀대로 준비하도록 우리를 앞으로 세차게 밀어주는 이정표와 같기 때문입니다. 단순히 내일이면 죽을 목숨, 오늘의 삶이 그 때문에 우울과 절망에 빠져 마주 오는 것들에 대한 회의적 태도를 지니라는 말로 오해하는 일이 없길 바랍니다. 우리는 죽을 존재임을 기억하며 지금의 순간에 해야 할 회개와 실천을 미루지 말고 더욱 나아가라는 밀침입니다. 나의 죽음뿐만 아니라 내 이웃의 죽음을 기억하면 우리에게 시간이 얼마 없다는 사실을 알게 됩니다. 죽음에 대한 기억은 곧 '지금 이 순간'에 대한 번뜩이는 자각입니다. 생명에 대한 깨달음, 우리 날들의 연장이 무엇을 의미하는지 알려주는 하느님의 손가락이 되는 것입니다. '우리의 악행을 고칠 수 있도록 이 세상의 날들이 연장됨'(규칙서 머리말 36)을 깨닫게 하고, '육신 생명이 있으며 이 모든 것을 현세 생명의 빛으로 다할 수 있는 동안에, 영원토록 우리에게 유익이 되는 일을 당장에 달려 실행하자'(규칙서 머리말 43)고 힘껏 밀치는 기억이라 할 수 있습니다. 베네딕도 성인의 이 단순한 한 구절은 우리의 한정된 삶의 날들이 영원한 생명의 날들로 변화하기 위한 기회임을 깨달아 죽음을 '희망의 도구'로 받아들이셨습니다.

오늘 주님께서 제자들에게 말씀하신 위대한 '사랑의 권고'가 모든 이에게 제대로 이해되었으면 하는 바람입니다. 당신이 뽑아 세운 이들을 종이나 하인으로 두지 않고 곁에서 재잘대는 친구처럼 삼으신 친근함이 관건입니다. 아버지의 사랑을 고스란히 전해주신 예수님의 사랑은 한낱 피조물을 피조물로 대하지 않으시고 당신과 같은 인격으로 존중하며 사랑하신 순결함을 드러냅니다. 그 사랑은 동등한 관계에서 오는 참된 기쁨, 영원할 기쁨을 위한 것이지, 상하 관계에서 오는 우월감이나 자기만족이 아니기 때문입니다. 하느님의 사랑은 이렇게 우리의 존재 자체를 높여주고 자신을 한없이 낮춤으로써 이루어진 참된 만남에서 비롯된 것입니다. 더 나아가 우리의 믿음과 희망이 어디에 정착해야 하는지 알려 주고, 거기에 머무는 이들이 맺게 될 사랑의 열매가 세상 끝날까지 남아 있으리라 보장하셨습니다. 그러니 타인의 생명을 내 생명보다 더 위해주는 '헌신'이야말로, 우리가 죽음에서 생명으로 건너가는 유일한 다리 역할을 하게 될 것입니다. 시대가 요구하는 경쟁성에서 그야말로 만년 꼴찌를 차지한다 해도 우리가 이 헌신적 사랑의 가르침을 가슴속에 간직하고 실천할 의지로 무장하고 있다면, 지금 각 분야에서 깊게 뿌리내린 '폭력과 이기적인 문화', '경쟁과 갈등의 문화', '죽음을 희화하는 문화'에서, '상생과 협력의 문화', '헌신과 이타적인 문화', '생명을 소중히 다루는 문화'로 조금씩 변화시켜 나갈 수 있으리라 희망합니다.

서두에 소개했던 교황님께서 인용하신 시구에서 나오듯이 우리가 진정 원하는 참된 사랑과 영원할 생명은, 마치 역한 퇴비와 거름이 뒤섞인 땅속에서 숨 막히게 묻혀있는 뿌리로부터 자양분을 얻어냅니다. 그 뿌리의 이름은 상처와 아픔, 수고와 헌신입니다. 꽃과 열매가 피고 익기까지, 지표면 아래에서 끊임없이 생동하는 우리 뿌리의 역할은 그러한 썩은 내가 진동하는 토양 속에 묻혀있으면서 모든 것을 감내하려는 결심과 머무름입니다. 오늘 귀로 듣고 머리로 기억하는 하느님의 사랑을, 가슴으로 소화하고 손과 발이 스스로 움직이기까지 모든 생명의 소중함과 희망을 잃지 말고 끝까지 인내하며 사랑하시기 바랍니다.

'우리가 주님을 뽑은 게 아닙니다. 그분께서 나를 뽑으셨기에', 내 부족한 모든 것에 은총을 더해 주실 것입니다.

"진리의 영이 오시면,
그분이 나에 관해 증언하실 것입니다."
(요한 15,26)

강론은 복음에 대한 내면화의 물꼬가 되어야 합니다. 강론 일부가 복음 묵상에 어떤 도움은 줄 수 있겠지만, 주객이 전도되면 사제는 그분의 빛을 가리는 쓸데없는 가림막이 되고 말 것입니다. 그렇게 되지 않기 위해 세심하게 주의를 기울여도 우리의 귀는 사실 듣고 싶은 것을 더 기억하기 마련이니, 제가 드리는 말씀은 언제나 매일의 복음 말씀 뒤에 기억해 주시길 바랍니다. 매일 강론 때문에 걱정 많으신 수녀님들의 염려가 참 고맙습니다. 전례의 일부분인 강론을 정성스럽게 준비할 수 있는 시간이 주어진 것에 저는 행복합니다. 저의 매일 강론이 행여 제 '번 아웃'으로 이어질까 걱정하시는 수녀님들의 마음도 이해합니다. 하지만 저는 그 어느 때보다 제가 맡은 소임 안에 주님께서 보내신 진리의 영을 이처럼 진지하고 사무치게 대해 본 적이 없는 것 같습니다.

오늘 복음에서 주님께서는, 당신을 증언할 진리의 영에 대해 말씀하시며 우리가 당할 곤경에 대해 말씀하셨습니다. 충실하게 하느님의 뜻을 좇는 매일의 일상 가운데에서도 수녀님들 나름의 방식으로 그분의 영광을 드러내는 삶이 어쩌다 상호 충돌할 수 있습니다. 때로는 작게, 때로는 아주 큰 싸움으로 번지기도 하고 서로 쌓아둔 감정을 하느님께 일러바치며 그를 단죄하고 판단하기도 합니다. 그러나 오늘 주님께서는 말미에 아주 중요한 말씀을 하셨습니다. "세상은 마치 하느님처럼 무언가 절대적인 것으로 착각하고 우리를 모질게 대할 것이나, 이는 하느님에 대해 전혀 모르기 때문에 저지르는 짓들이다." 우리가 믿음의 일상에서 벌이는 갈등은 이와 반대가 아닐까 합니다. 사실 각자 너무나 하느님을 잘 알고 있다고 생각하기 때문에 벌어지는 미움과 갈등이 아닌지 생각해 볼 일입니다. 표면적인 박해 시대를 지나 평화롭게 신앙을 고백하고 있는 오늘의 시대에, 이제 세상은 하느님의 자리까지 넘보게 만드는 '교만의 우상 숭배자'로 교묘하게 우리를 유혹합니다. 그동안 올바르게 지녀왔다고 여겨지는 나름의 가치관, 그 가치관을 통해 이룬 인간관계, 연륜을 통해 얻은 경험, 그리고 무엇보다 틀림없다고 여겨지는 나의 판단과 지식이 진리의 영께서 하시는 활동을 가로막는 불필요한 걸림돌이 될 수 있습니다. 왜냐하면, 우리는 하느님이 아니라, 인간이기 때문입니다. 『내가 틀릴 수도 있습니다』라는 스웨덴 출신으로 환속한 승려 니타코의 저서 제목대로, 우리는 세상보다 조금 더 그분의 새로움을, 어제와는 또 다르게 발견하는 자녀들임을 기억합시다.

저는 이곳에 파견받은, 수녀님들의 형제입니다. 그리고 미사를 통해 주님께 인도할 의무가 있는 직무 봉사자입니다. 여기에 머물러 수녀님들과 동행하는 순간마다 성령께서는 제가 받은 직무의 힘을 더해 주실 것입니다. 오자마자 느낀 것은, 수녀님들이 그동안 목말라 하신 영적 갈증이 조금이라도 해소되길 바라시는 주님의 뜻이었습니다. 그러니 너무 염려 마시고, 어제와 또 다르게 복음의 빛을 반사하는 강론들이 하느님의 새로운 면모를 매일 새롭게 발견하는 기회가 되면 좋겠습니다. 진리의 영께서는 제 미약한 강론의 한 단락을 통해서도 당신의 말씀을 항상 새롭게 만나도록 이끌어주시리라 믿습니다.

부활 제6주간 화요일

"어디로 가십니까?"
(요한 16,5)

주말부터 습도가 높아서 그런지 아침에도 덥다고 느껴지는 날씨가 되었습니다. 올해 5월은 한낮 기온이 30도 가까이 오를 날이 많다는 전망이 있던데, 일교차 큰 날씨 속에서 건강 잘 챙기시면 좋겠습니다. 희한하게도 예년에는 볼 수 없던 열대지역 생물들이 우리 거주지 주변에도 많이 나타나고 있습니다. 한창 더울 때는 폭염의 기세 때문에 지구 환경에 대한 목소리가 활기차다가도 더위가 한풀 꺾이고 나면 금방 잊어버리고 마는 것이 환경에 대한 우리의 인식과 태도가 아닐까 합니다. 남미지역과 세계 곳곳에서 벌써 홍수와 기상 이변으로 많은 이들이 피해를 입었습니다. 갈수록 지구는 더워지고, 기후 변화 피해가 커지는 가운데에 뚜렷한 개선도 없이 흘러가는 현실을 그저 바라보고 있어야 하는 건지 안타깝습니다.

오늘 복음에서 예수님께서는, 당신의 구원 사명을 완성하시고, 지상 교회를 위한 협조자를 보내기 위해 준비하십니다. 당신을 믿는 이들을 위에 내릴 성령을 통하여 끝까지 책임지는 모습을 보이십니다. 그분을 보호자라고 부르셨습니다. '죄와 의로움이 무엇인지' 올바르게 판단하는 진리의 영이라 부르십니다. 세상이 그릇되게 생각하는 그 방향을 우리가 어떻게 판단해야 하는지 알려주는 지혜의 영이십니다. 이러한 성령을 통하지 않고서 그리스도의 참모습을 발견하기 어렵습니다. 성령을 믿지 않고서 그리스도께서 보여주신 참된 사람살이를 발견할 수 없습니다. 그러면 결국 자신의 양심이 깨끗한지 더러운지 모른 채 되는대로 살아갈 위험이 도사립니다. 뭔가에 가려진 양심은, '신이 없다고 외치는 세상' 속에서 복음의 기쁨을 발견하지 못하기 때문입니다. 양심의 불결은, 곧 불의한 정책과 이를 방관하는 분위기로 나타납니다. 우리는 이제 지속적인 경제 발전보다 지속 가능한 지구 생태계의 올바른 개선이 더 시급한 시점에 와 있습니다. '지금 어디로 가고 있습니까.' '죽음의 문화'는 여러 가지 현상으로 나타나는데, 그 핵심에는 '무책임'이 있습니다. 지금 나타나는 표징들을 무시하고, 여태껏 해오던 것들을 유지하려는 세상의 몰이해와 무책임이, 종국에 와서 이 자연에 대한 무분별한 낭비와 훼손에 대해 강제로 책임져야 할 때를 앞당길 것입니다. 하느님께서 정하신 자연의 질서는 이미 우리의 그러한 태도를 심판하였습니다. 있는 것을 아끼고, 가진 바를 나누고, 교환하며, 썼던 것을 재활용하는 개인의 습관은 이제 국가와 국가 간의 약속으로, 그리고 기업과 기업 간의 약속이 되었으면 합니다. 프란치스코 교황님은 『하느님을 찬미하여라』에서 말씀하셨습니다. "우리에게 가장 요구되는 것은, 우리가 이 세상을 떠난 뒤에 남길 유산에 대한 특정한 책임입니다."(18항)

기후 변화의 심각성을 아는 이들이 늘어가고 있습니다만, 이들의 행동과 외침이 너무 미약합니다. 적극적인 지지도 부족합니다. 이 시대의 환경 문제는, 우리 모두의 실천과 희생을 분명히 요구하고 있습니다.

오늘 제자들은 주님께서 어디로 가시는지 묻기를 두려워하며 침묵했습니다. 예수님께서는 떠나시면서도 당신의 제자들을 끝까지 사랑하셨듯이, 우리 역시 피조물들에 대한 책임 있는 자세가 요청됩니다. 이제 우리가 묻길 두려워하고 침묵하고 있는 것은 아닌지, 돌아봅시다. '우리의 미래는 어디로 가고 있습니까?' 인류 공동체와 공동의 집 지구의 미래가 하느님 보시기에,(지금 처한 기후 현실보다) 좋은 모습으로 변화시켜 나갈 수 있도록 마음을 모으고 실천으로 옮겨야 하겠습니다.

"그대들의 슬픔은 기쁨으로 바뀔 것입니다."
(요한 16,20)

"너희에게는 하늘나라의 신비를 아는 것이 허락되었지만, 저 사람들에게는 허락되지 않았다. 듣고 또 들어도 깨닫지 못하고, 보고 또 보아도 알아보지 못하리라." 예수님께서는 하늘나라에 대한 신비는 되도록 많은 이들이 알아듣도록 비유의 거름망을 사용하셨습니다. 반면, 곁에 있는 제자들이 계속해서 확인하고 싶어하는 당신의 신원과 관련해서는 무척이나 직설적이셨습니다. 아직 그분의 부활을 체험하지 못한 오늘 복음의 제자들은, 그분이 곧 보여주실 구원이 어떤 것인지 '상상조차 할 수 없는' 몰이해로 당황해하고 있습니다. 주님께서 우리에게 하시는 말씀의 깊이는 때로 머리로 이해하기보다, 전적인 신뢰를 요청하기 때문입니다.

오늘 말씀은 마치 이렇게 말씀하시는 것과 같습니다. "너희 삶의 여정이 선사한 이 '조금'의 날들을 믿음으로 기다려보

라. 삶의 여정 가운데 주님이 가까울 때가 있고, 멀어져서 전혀 보이지 않을 때도 올 것이다. 그러나 '너의 믿음이 너를 구원하는 그때까지 참고 기다려보라.' 결국, 세상 속에서 지금의 슬픔과 근심이 해산 후 아기를 낳은 여인의 행복처럼 다시 없을 기쁨으로 변할 것이다. 세상은 우리가 울고 애통해하는 것을 반기며 세속적 방식의 승리를 선언할 것이다. 그때는 믿음이 헛되다고, 종교가 실패했다고, 예수님께서 왔다 갔지만 지금 그가 없는 세상은 무엇하나 바뀐 것 없이 나름대로 잘 돌아간다고 호언장담할 것이다. 그러나 '그들의 생각이 틀렸다. 내가 세상을 이겼다. 그들의 악이 그들의 눈을 멀게 한 것이다.' 내가 한 말을 너희끼리 물어보지 않고도, 너희가 나를 다시 만나는 그 순간에 내가 누구인지 묻지 않아도, 너희는 내가 누구인지 분명히 알아보리라. 내가 그날에 마리아의 이름을 불렀던 순간처럼 한치의 오해와 몰이해 없이 너희는 나를 분명히 알아보고 이렇게 외칠 것이다. '라뿌니!'"

세상에 태어난 갓난아이가 아직 눈을 못 뜨고 바둥거리며 울 때, 엄마 품의 따스함을 온몸으로 체감하면 안정되듯이 우리의 모든 감각을 넘어선 하느님께서 우리 모든 부분을 감싸 안아 다가오실 것입니다. '모든 이에 모든 것이 되어 주실 것'이기 때문입니다. 오늘 주님께서 제자들에게 다소 어렵게 들려주신 말씀을 깊이 묵상하며, 하느님 자녀다운 믿음을 갖고 주님을 알아볼 기쁨의 날을 향해 정진해 나가면 좋겠습니다. 그게 언제가 될지 아무도 모릅니다만, 지금을 사는 우리 모두에게 잠들어 있는 영적 감수성을 깨워줄 진리의 영께 의탁하며 마음을 열고 그분을 향한 믿음의 등불이 꺼지지 않도록 은총을 청해야 하겠습니다.

> "나는 아버지를 떠나 세상에 있다가
> 다시 세상을 떠나 아버지께로 갑니다."
>
> (요한 16,28)

오늘 우리는 10세기에서 13세기 클뤼니 수도원의 번영과 개혁을 이끌었던 위대한 성인 아빠스들을 기념합니다. 클뤼니 수도원은 910년에 설립되어 유럽 전역에 걸쳐 그 영향을 미친 베네딕도회의 중심지였습니다. 클뤼니의 명성과 번영은 특히 성 오도(St. Odo) 아빠스, 성 마욜라(St. Majolus) 아빠스, 성 오딜로(St. Odilo) 아빠스에 이어 성 후고(St. Hugh) 아빠스와 같은 장상들의 리더쉽 아래 큰 발전을 이루었습니다. 수도원의 발전을 발판 삼아 교회 전체에 대한 개혁의 바람을 일으킨 성인들입니다. 무려 250년 동안이나 세상에 '정주하는 파스카 신비'를 보여준 화려한 전성기를 이끌어간 이들의 정신을 되새기고자 합니다.

이 성인 아빠스들은 각기 다른 시대에 클뤼니 수도원을 이끌면서 그 시대가 요구하는 도전을 피하지 않고 맞서며 그

(성 오도, 성 마욜라, 성 오딜로, 성 후고와 복자 베드로 베네라빌리스 아빠스 기념일)

것을 주님께서 원하는 방식으로 변화시킬 줄 알았습니다. 각자의 방식으로 수도원의 정신적, 물질적 번영을 위해 헌신했습니다. 성 오도 아빠스는 수도규칙과 생활의 엄격함을 강조하며 수도원 내부의 개혁을 추진했습니다. 수도생활의 내적 안정화에 접어들자, 그의 뒤를 이은 성 마욜라 아빠스는 수도원의 재정과 행정을 개선하며 지역 사회 및 외부와의 관계를 강화하는 데에 중점을 두었습니다. 또한 성 오딜로 아빠스는 많은 예속 수도원들을 세우고 관리하며 클뤼니가 지닌 영향력을 크게 확장하는 데 기여했습니다. 특히 11월 2일을 '연옥 영혼들을 위한 기도의 날'로 제정함으로써 전 유럽의 수도원들과의 연대를 강화했는데, 이는 후에 위령의 날로 가톨릭 전례 안에 들어오게 됩니다. 마지막으로 성 후고는 그야말로 클뤼니 수도원의 황금기를 이끌며 수도원의 확장과 건축, 미술, 역사, 예술 발전에 큰 역할을 했습니다.

오늘날 우리가 이 성인들을 기념하는 것은 단순히 역사적 사실을 기리기 위함이 아니라, 그들이 보여준 신앙과 개혁 정신, 그리고 리더쉽을 오늘날에도 적용하기 위함입니다. 클뤼니 수도원의 위대함은 내적 정화의 시기를 시작으로 외부와의 관계 개선의 시기, 자기 확장의 시기에 이어 다부지게 열어젖힌 개혁의 물꼬를 교회로까지 흘려보낸 점에 있습니다. 클뤼니를 이끈 성인들의 위대함은 자발적인 헌신, 공동체를 위한 봉사, 그리고 변화를 이끌기 위한 용기, 특히 '주님께서 불러주신 길을 따라 당차게 걸어간 점'에 있습니다. 우리 자신의 삶 속에서 이러한 덕행들을 어떻게 실천할 것인지 고민하며, 그들의 발자취를 따라 걷기를 기도합니다. 그들처럼 우리도 우리가 속한 공동체와 세상에 복음의 빛과 정주의 파스카 신비를 보여줄 수 있는 사람들이 되기를 희망합니다.

주님 승천 대축일(홍보 주일)

하늘에 올라
하느님 오른편에 앉으셨다.

(마르 16,19)

　주님의 공생활 가운데에서 제자들을 둘씩 짝지어 보낸 사화를 기억하실 겁니다. 그분이 우리를 위하여 십자가의 수난과 죽음 이후 놀라운 모습으로 다시 살아나셨을 때 역시, 사도들에게 전한 사명은 "온 세상에 가서 모든 사람, 피조물에게 전하고 선포하여라"는 말씀이었습니다. 이는 교회의 사명이 되었습니다. 가난하거나 부자이거나, 아프거나 건강하거나, 남자거나 여자거나 할 것 없이 주님을 알지 못하는 사람들에게 그분의 구원업적을 전하고 그 말씀을 통한 확신으로 기쁘게 살아가도록 알려주는 것이 우리 신앙의 가장 우선적이고 실천되어야 할 일입니다. 그러니 복음의 전파자는 무엇보다 복음에 대해 너무나 잘 알고 있는 충실한 증인이어야 합니다. 단순한 말마디가 아닌, 사랑의 실천과 더없이 큰 하느님의 자비를

주님 승천 대축일(홍보 주일)

우리가 몸소 보여주는 복음의 육화를 위해 끊임없이 읽고 듣고 노력해야 하겠습니다.

오늘 주님의 승천은 지상을 떠나 천상에서 어떤 호사를 누리시기 위함이 아니었습니다. 보호자, 협조자의 파견을 위함이요, 그분은 통해 이 세상이 끝날까지 우리와 함께 계시기 위한 약속을 위함이었습니다. 그리고 우리는 그 성령의 인도를 받아 올바른 신앙 감각과 선에 대한 열망, 그리고 무엇보다 굳건한 믿음과 온전한 희망과 희생 어린 사랑으로 세상에 빛과 소금을 역할을 할 수 있게 되었습니다. 이러한 성령의 인도하심이 가장 잘 드러난 가톨릭교회의 역사적인 공의회가 1962년부터 65년까지 있었던 '제2차 바티칸 공의회'입니다. 이천 년 역사 가운데 가톨릭교회에 전례가 없는 아주 획기적인 전환점이었습니다. 이미 근대에 대중 매체의 큰 영향력을 인지하였던 교회는, 그것을 이용한 효과적 사도직을 수행하려는 움직임을 시작했습니다. 이 공의회를 통해 내려진 결정된 대로, 제각기 나라마다 '홍보의 날'이 제정되었고, 한국교회도 1967년부터 '홍보의 날'을 정하여, 쏟아지는 여러 출판물 속에서 신자들이 알지 못한 신앙 서적, 미디어, 교육 등을 널리 알리게 되었습니다. 후에 1980년부터는 해마다 '주님 승천 대축일'을 '홍보 주일'로 지내게 되어 각종 대중 매체들 가운데 교회의 좋은 책과 영상들이 꾸준히 신자들에게 소개하고 있습니다.

주님 승천 대축일(홍보 주일)

개인적으로 저는 우리 수도원에 나오는 책들에 관심이 높은 편입니다. 정확히 말하면 출판사 신간의 흐름에 대해 관심이 높습니다. 틈틈이 성물방에 비치된 신간들을 직접 찾아가 내 돈 주고 사는 버릇은 이미 오래된 습관이 되었습니다. 그러나 방에 책을 쌓아두는 편이 아니라서, 읽은 뒤 바로 도서관에 반납하고 뭔가 느낌이 오는 책만 가져다가 몇 번이고 되풀이해서 읽습니다. 수녀님들의 독서 방법은 어떨지 궁금합니다. 독서의 방법은 여러 가지가 있습니다. 다수의 책을 섭렵하는 것도 좋은 방법입니다만, 반대로 활자에 담긴 깊은 의미를 차분히 성찰하며 느긋하게 책에 담긴 깊은 내용을 섭렵하는 방법도 괜찮은 것 같습니다. 오늘날 미디어의 발달로 책과 거리가 벌어진 시대에 긴 문장보다 짧은 문장과 영상미를 더 원하는 사람들의 구미에 맞춘, 다양한 교회의 홍보 활동이 이어지고 있음을 발견합니다. 하지만 책이 주는 즐거움 가운데 하나는, 그 내용을 적은 작가의 의도를 정확히 파악해보면서, 내가 미처 표현할 수 없었던 생각들을 어떻게 끄집어내고 있는지 등을 아주 구체적으로 만나는 기쁨이 있습니다. 물론 끊임없이 변화의 노력을 기울이고 있지만, 대다수 교회 서적들은 대중성이 약합니다. 그럴 수밖에 없습니다. 그래서 가톨릭 문인, 작가들이 약간의 대중성을 가미하여 녹여낸 산문이나 소설, 에세이, 여행기 등을 신자들이 쉽게 만날 수 있도록 방법을 꾀하고 있습니다. 하지만, 아직은 효과적이고 효율적인 정

주님 승천 대축일(홍보 주일)

보 획득, 흥미와 유희를 더 중시하는 현대인들에게 깊은 성찰과 신앙의 거울이 되어주는 교회의 서적들이 재미가 없는 게 현실입니다. 다만 분명한 것은 이러한 교회 영성 서적들 안에는 삶의 변화를 가져오게 만드는 대단히 중요한 에너지가 숨겨져 있다는 사실입니다.

주님께서는 당신의 공생활 가운데 그 무엇도 기록으로 남기지 않으셨습니다만, 부활 이후 승천과 성령강림을 통해 교회가 당신을 기억하고 그것을 어떻게든 흔적으로 남기도록 인도하셨습니다. 구원의 방주는 그 시대를 넘어 미래의 교회까지 항해를 이어가야 하는 하느님의 놀라우신 섭리 때문입니다. 가톨릭을 비롯하여 모든 종교의 공통된 길 위에 '책'이 있었음을 기억해야 하겠습니다. 어떤 독서의 습관을 통하든지 주님께서 오늘 말씀하신 전 세계를 향한 우리의 구원 선포는 그 말씀을 듣고 읽고 묵상하고 되새김의 반복으로 이루어집니다. 이로써 내 안에 육화시키는 작업을 반드시 수행하게 됩니다. 그것이 바로 믿는 이들에게 주어지는 표징을 위한 준비이기 때문입니다. 성령께서 우리의 작은 능력을 겨자씨처럼 사용하기 위한 밑 작업이라 할 수 있습니다. 주님은 하늘에 오르셨지만 새로운 성령의 시대가 오늘날까지 계속되고 있으니 교회가 끊임없이 염두에 두어야 할 새로운 복음화 작업이 겉돌지 않도록 기도해 주시기 바랍니다. 새로운 언어의 복음화를 말하지만, 충분한 내적 성화 없이 현대적인 트렌드만 따라가려는 시도가 정말 복음을 내면화한 것인지 짚어보는 것도 중요합니다. 예로니모 성인께서 말씀하셨습니다. "성경을 모르는 것은 그리스도를 모르는 것이다." 세상은 말하길, 책을 여러 권 읽은 사람보다 한 가지 책만 읽은 사람이 위험하다고 했는데, 우리는 그분을 더 알기 위해 다른 무엇보다 오직 성경에 파고들어야 하겠습니다. 하느님의 말씀을 읽고 들으면서도 '더러 의심하는 사람'이 생기는 것은 바로 이러한 복음의 내면화가 부족한 이유입니다.

이제 하느님 오른편으로 오르신 주님께서는, 세례를 통해 믿음을 받아들인 이들 안에 바람처럼 활동하시는 성령의 표징들을 한 번 뒤 돌아보게 만드십니다. 새로운 기교로 사람들의 이목을 집중시키는 소음과 온갖 독설이 난무하는 시대에도 결코 흔들리거나 상처받고 쓰러지지 않았던 하느님의 도우심을 헤아려 보도록 초대하십니다. 이 초대는 자신의 삶 가운데에서, 공동체의 활동 가운데에서, 교회의 역사 안에서, 그리고 '사랑' 안에 성장한 우리의 내면을 살펴보며 하느님의 표징을 찾아보도록 하십니다.

오늘 특별히 사려 깊은 가톨릭 영성 작가들에게 스며든 성령의 흔적을 인상 깊은 문장 하나를 통하여 발견하는 기쁨을 온 세대가 누리길 기도합시다. 저의 성소도 그 안에서 싹이 텄습니다. 단 하나의 문장 안에서도 '주님께서 우리와 함께!' 하고 깨달은 엠마오의 두 제자와 같은 번뜩임이 다채로운 가톨릭 문화를 도구 삼아 마주 오길 여러분들도 함께 기도해 주시기 바랍니다.

부활 제7주간 월요일

"내가 세상을 이겼습니다."

(요한 16,33)

한국 사람들이 열광하는 스포츠라 하면 단연 축구입니다. 특히 일본을 상대로 하는 경기라면, 이유 불문하고 무조건 이겨야 한다는 굳센 의무감이 의식 속에 박혀 있습니다. 2002년 한일 월드컵 이탈리아전을 기억하시는지 모르겠습니다. 어렵게 올라온 16강 전에서 이탈리아는 그야말로 강력한 상대였으나, 그날 주인공은 선수들이나 감독도 아니라 바로 에콰도르 출신의 주심이었습니다. 흔들림 없이 이탈리아 선수의 헐리우드 액션을 정확히 지적하여 퇴장시킨 그 날의 명심판은 20년이 지난 지금도 선명합니다. 우리들의 입장에서만 명심판이지, 이탈리아 입장에서는 졸렬하다고 표현될지 모르겠습니다. 그날, 이탈리아에서 유학 중인 모든 선배 수도자들이 길거리에서 몸을 사리며 다녔다는 이야기는 아직도 회자가 되고 있습니다. 축구 얘기가 아니라 '심판'에 대한 말씀을 드리려 잠시 시간을 낭비했습니다.

부활 제7주간 월요일

오늘 복음에서 제자들이 예수님께 대한 어떤 확신을 드러내며, 굳게 믿겠다는 결단을 고백하고 있습니다. 결국, 주님 수난의 시작점에서부터 뿔뿔이 흩어지는 나약함을 보였기에, 그들은 믿음을 드러냈다기보다 일종의 주님 신원에 대한 확신과 결단을 표현했다는 표현이 맞을 겁니다. 이러한 제자들의 결단은 후에 주님의 부활로 진정한 믿음으로 승화됩니다. 그 결과 엄청난 고난이 뒤따르지만, 세상이 주는 안정과 평화가 아니라 바로 주님께서 이루신 승리의 평화를 얻고 그들도 거침없이 그 길로 뛰어들었습니다. 오늘 복음의 마지막 구절에서 우리는 주님께서 이루신 돌이킬 수 없는 결정, 그분의 최종적인 심판의 말씀을 듣게 됩니다. "내가 세상을 이겼다." 십자가에 옴짝달싹할 수 없이 마지막 숨을 거칠게 몰아쉬며 하신 말씀이 기억납니다. "다 이루었다." 이 두 말씀이 모든 것을 결정한 지상에서의 최종적인 심판 선언입니다. 세상이 좇는 가치의 헛됨을 선언하시고, 모든 우두머리가 당신 아래에서 분명히 패배했음을 선고하시며, 당신의 공생활 가운데 하신 모든 말씀이 어떤 것 하나 버릴 것 없는 인간 삶의 최종적인 가르침임을 판결하신 것입니다. 그 누가 그 어떤 진리를 들고나와도 당신의 말씀과 행동이 밝히신 하느님의 자비와 구원의 진리를 틀렸다고 심판할 권한이 없다는 것입니다. '고뇌와 고통', '죽음' 앞에 인간은 누구나 의심합니다. '하느님은 진정 살아계신가?' 그 의심이 가져오는 두려움 때문에 뿔뿔이 흩어질 수 있습니다. 그러나 다시 기억하며 돌아옵시다. 우리의 불안은 주님의 평화로, 슬픔은 기쁨으로, 의심은 믿음으로, 죽음은 생명으로 건너가는 파스카 여정을 끝까지 갈 수 있게 용기를 주시는 분이 누구신지 기억합시다.

무언가 옳고 그름을 판단하여 그에 상응하는 상과 벌을 결정하는 일을 가리켜 '심판'이라 합니다. 물론 하느님께서 종말에 행할 심판과 현세의 인간이 행하는 심판이 다르고, 하느님께서 주관하시는 심판을 감히 스포츠에서 행해지는 심판의 양상과 비교할 수도 없습니다. 다만, 비유하자면 같은 방향에 동일한 목적으로 흘러가는 공통점이 있습니다. 한 번 선고된 판결은 돌이킬 수 없다는 것입니다.

주님께서 세상을 이겼다고 선언하셨습니다. 우리가 속해 있는 세상의 이치들이 결코 절대적인 것이 아닙니다. 주님을 의심하기에 앞서 세상을 의심해 봐야 합니다. 누군가 과대 포장하여 흘리는 헐리우드 액션 같은 소식들이 있습니다. 그 모든 것이 결국, 지나갈 것임을 깨달아 영원하며 참된 스승, 생명의 주인이자 세상의 승리자이신 주님께 모든 걸 의탁하고 말과 행동으로 우리의 굳센 믿음을 고백하시기 바랍니다.

"모든 사람의 마음을 아시는 주님."
(사도 1,24)

　성소자가 없다고 과하게 걱정하며 분석하던 때가 있었습니다. 지금은 7~80년대에 비해 지속적으로 감소하는 추세이지만, 우리는 그저 성소자가 적은 이 시대를 포기한 것이 아니라, 기다리고 있다고 봐야 합니다. 교회 역사 안에서 수도자, 사제로서의 부르심은 특정한 시대에 증가와 감소를 반복해 왔습니다. 때로는 위대한 성인들이 거울이 되어, 때로는 쓰러져 가는 교회의 위기를 보고, 때로는 세상의 이치가 헛됨을 깨닫고서, 때로는 복음의 진리가 세계를 이해하는 열쇠임을 발견한 이들 모두 주님께서 눈여겨보시며 당신의 일꾼으로 삼기 위해 불러주실 때가 있습니다.

　오늘 우리가 기념하는 마티아 사도는, 유다 이스카리옷의 빈자리를 채우기 위해 사도들의 선출로 뽑힌 이로써, 주님께서 밤을 새워 산에서 기도하신 뒤 평지로 내려와 뽑은 이

성 마티아 사도 축일

가 아닌 사도들의 기도와 제비뽑기로 선출된 사도입니다. 열한 사도는 주님께서 원하시는 사도의 빈 자리 하나를 자신들이 임의로 뽑기가 무척이나 어려웠을 것으로 생각합니다. 소위 조직의 인사권을 행사하는 이들의 목적은 그 어느 때보다 순수해야 했습니다. 사도라는 직책은 무엇보다 주님을 증거하고 선포하는 이라야 했기 때문입니다. 이때 사도들이 마음을 모아 기도한 내용에 주목할 수 있습니다. 그들은 먼저 시편의 기록을 토대로 움직입니다. 직책의 빈자리를 다른 이가 넘겨받게 될 것이라는 예언의 구절을 인용하고 두 가지 자격 조건을 걸어, '모든 이의 마음을 아시는 주님'께 기도합니다. "그동안 주님을 줄곧 따라오면서 그 가르침에 충실했던 이, 그리고 무엇보다 당신의 부활을 증거한 사람이 이 직무를 넘겨받게 하소서."

성령의 활동은 바람과 같습니다. 마티아 사도를 뽑아 세운 교회의 이 최초의 주요 인사 결정은 결코 그들만의 결정이 아니라 직접 주님과 소통하며 내린 결정이었습니다. 지금은 많은 성소자가 없으니, 교회 안에 인사이동의 바람이 마치 칼바람과 같이 느껴질 때가 있습니다. 겹치는 소임의 부담감, 발령에 따른 순명의 어려움, 미래에 대한 암담함 등이 걱정되기도 합니다. 그러나 오늘 복음에서 말씀하셨듯이, 우리가 걱정한다고 될 일이 아니라 필요에 따라, 모든 것에 때가 되면, 주님께서 직접 뽑아 세우실 것입니다. 그분은 당신의 친구들이 이제는 양이 아니라 질적으로 더욱 당신과 친교를 이루길 바라십니다.

마르타와 같이, 교회가 하는 그 많은 일에 신경 쓰기보다 마리아와 같이, 당신을 친구처럼 여기고 더욱 깊이 사랑하길 바라십니다. 우리는 이 부활 시기 막바지에 마티아 사도와 같은 진정한 '부활의 증인'이 되고 있는지, 모든 이의 마음을 아시는 주님께 은총을 구합시다.

> "제가 세상에 속하지 않은 것처럼
> 그들도 세상에 속하지 않기 때문입니다."
>
> (요한 17,14)

불교의 대중적이고 핵심적인 가르침이 '금강반야경'에 담겨 있다고 합니다. 이 경전 첫머리에는 예수님께서 말씀하신 부분과 일맥상통하는 구절이 하나 언급되어 있는데, 바로 '무주상보시無住相布施'입니다. '집착 없이 남에게 베풀어주는 일' 즉, 내가 남에게 베풀었다는 의식을 버려야 참된 보시이자 베풂이니, 집착만 남기고 깨달음을 방해하는 생색내기 보시는 진정한 보시일 수 없다는 가르침입니다. 여기 수녀님들 가운데에서도 '삼소회'에 참석하셨거나, '종교 간의 대화'에 참여하신 분이 있으실 것 같은데, 참 여러모로 천주교와 불교는 공감과 교류의 영역이 많은 편입니다. 서로가 수행자의 신분으로써 느끼는 공감을 비롯하여 어떤 가르침의 한 주제만을 가지고도 여러 접점에서 만날 수 있기 때문입니다. 그리고 무엇보다 완전히 같을 수 없겠지만, 세상을 자비의 눈으로 봐야 한다는 점에서 공통분모가 있습니다.

부활 제7주간 수요일(부처님 오신날)

오늘 복음을 비롯하여 예수님께서 말씀하신 '세상'이란 다양한 의미를 내포합니다. 맥락을 보고 해석이 달라질 수 있지만, 대체로 다섯 가지 방향에서 우리는 그분이 말씀하신 '세상'을 이해해야 하겠습니다. 첫째는, 하느님께서 창조하신 우주 만물이고 둘째는 문화적, 도덕적, 정치적 측면에서 지칭되는 인간들의 사회 곧 '하느님의 나라'와 내소되는 가치와 규범을 뜻합니다. 셋째는 죄로 인해 얼룩지고 타락한 상태로써 하느님의 거룩함과 대립하는 세속적 삶의 방식입니다. 오늘 복음 말씀에서 당신이 속하지 않은 세상이란 바로 이런 뜻에서 해석될 수 있을 것입니다. 넷째는 시험과 유혹의 장소로써, 믿는 이들이 그 믿음을 지키며 살아가야 할 공간 속 부르심에 충실히 응답하는 시련의 장소를 의미합니다. 다섯째는 이 모든 것을 아울러, 곧 하느님께서 너무나 사랑하신 나머지 아드님마저 내어준 구원해야 할 대상으로써 '세상'이라 지칭됩니다. 예수님께서 말씀하시는 '세상'이란 창조물이자, 인간들의 문화와 역사이면서, 죄의 영역이고, 시험의 장소이지만, 궁극에 구원의 대상입니다. 오늘 복음에서 주님께서는 당신과 당신을 믿는 이들이 세상에 속하지 않도록, 즉 '악'으로부터의 보호를 간청하고 계십니다. 속된 것에 너무 치우침 없이 아버지의 진리 안에서 거룩하고 완전한 인간으로 다시 태어나고 일어나길 기도하셨습니다. 특정한 대상이 아니라 인류 전체가 이 거룩함의 끈으로 묶여, 하나가 되길 비셨습니다.

부활 제7주간 수요일(부처님 오신날)

요즘 미디어에서 인기가 많은 법륜스님이 '금강반야경'의 핵심 내용을 짚어주셨습니다. '내가 보고 듣고 냄새 맡고 감촉하고 생각하는 것이 진실이라 말할 수 없다는 것' 그리하여 '다른 사람 입장에서는 다르게 느낄 수 있다는 것'입니다. 오늘 예수님께서는 이처럼 다양한 사람들 수억이 살아가는 세상 안에서 일치를 간청하셨습니다. 사람들 하나하나가 고유한 인격을 지닌 하나의 개별적이고 고유한 '세계'입니다. 이런 세계들이 연결되고 일치하기 위해 우리가 할 수 있는 건, 그 고유한 세계에 대한 인정과 존중일 것입니다. 또한 '무주상보시'처럼 생색냄 없이 나누려는 겸손이 필요합니다. 바야흐로 자기 PR, 광고가 넘치는 세상 속에서 우리는 이웃의 앞길을 은은하게 비추는 별처럼 살길 은총을 청합니다.

> "시몬, 나를 사랑합니까?
> 내 양들을 지켜 돌보시오."
> (요한 21,16)

'사랑한다는 말은 가시덤불 속에 핀 하얀 찔레꽃'이라 표현하신 이해인 수녀님의 시가 떠오릅니다. 사실 시보다 성가가 더 유명해서 이 시를 읽다 보면, 어느새 노래를 부르고 있습니다. 찔레꽃 하나가 가시덤불 속에서 어여쁘게 피기 위해 하늘과 땅의 돌봄이 있고, 바람과 곤충들의 방문, 그리고 우리의 관심과 발견으로 완성됩니다. 사랑이란, 여러 가지로 달리 표현될 수 있지만, 무엇보다 서로에 대한 '돌봄'인 것 같습니다.

오늘 예수님께서는 사도들의 으뜸 베드로를 따로 불러 당신께 대한 사랑을 세 번이나 확인하시며, 당신의 양들을 잘 돌보도록 명하십니다. 당신께 대한 사랑을, 양 떼들을 돌보는 직책의 성실함으로 확인하시겠다는 말씀입니다. 어떻게 변할지 모르는 세상의 바다 한가운데에서 교회라는 돛단배를 이끄는 일등 항해사이자, 호시탐탐 양들의 우리를 침범하고 유혹하려는 세상의 들판 한가운데에서 주님의 지팡이로 무장한 우리의 목동은, 오늘도 돌봄과 섬김의 일을 하고 있습니다. 비단 교회를 이끄는 사목자들뿐만 아니라, 보편사제직을 수행하고 있는 모든 신앙인이 오늘의 이 말씀 안에서, 주님께 대한 자기들의 진정성을 성찰해 볼 수 있습니다. 세 번이나 확신에 찬 답을 했던 베드로는 이전에 세 번의 넘어짐과 세 번의 배신이 있었습니다. 이는 모든 신앙인이 걸어왔던 개별적 세계의 역사이기도 하고 현재도 진행 중인 도전이기도 합니다. 주님께서는 우리의 사랑보다 더 큰 사랑으로 당신의 양 떼들을 생각하시지만, 우리 역시 그분을 사랑할 능력을 주셨기에 용기를 가질 수 있습니다. 제가 아는 어떤 수녀님의 표현대로 '주님 은총의 넉넉함을 체험한 이들은, 자신이 그걸 받기에 얼마나 부족한지 알며 항상 죄스러워합니다'만, 용기 있게 주님께 대한 내 마음과 내 사랑을 보여드릴 수 있습니다. 서로에게 지치지 않는 관심과 돌봄을 통해서 주님께 대한 사랑이 살아 숨 쉼을 그분께 보여드릴 수 있는 것입니다.

사랑한다는 말은 무수한 별들을 쏟아내는 밤하늘이라 했던 이해인 수녀님의 표현도 어찌 보면, 하느님께서 우리를 얼마나 사랑하는지 가늠할 수 없는 무수한 양을 빗댄 것입니다. 창조된 우주가 하느님의 사랑이라면, 그 광활함의 0.1%만이라도 주님께 대한 진정한 사랑을 간직할 수 있으면 좋겠습니다.

그러면 내 이웃, 형제자매들에 대한 발견과 돌봄은 세상을 가득 채우고도 넘칠 것입니다. 지금 내 곁에 있는 주님의 양 떼를 잘 돌보시길 바랍니다. 우리 모두가 제각각 그분 사랑에 꼭 붙어 있는 지체들이자 보호자임을 늘 기억하시기 바랍니다.

이 사람이 이런 일들을 증언하고
또 기록한 바로 그 제자이다.

(요한 21,24)

사실 요한복음 안에 담긴 신학적 풍요를 건지기 위해 준비할 게 많습니다. 그러한 준비가 미흡하여 그동안 주관적인 해설만 하다 보니 결코 좋은 강론은 아니었다고 고백합니다. 다른 공관복음이 연중 시기에 전하는 내용들은 주님께서 그리스도인들의 삶의 지침을 비유를 곁들여 밝히신 내용이 많기 때문에, 상대적으로 이에 해당하는 현시대의 문제점들을 곁들여 말씀드릴 수 있습니다만, 요한복음은 그렇게 접근하기에 분명한 한계가 있습니다. 제가 좀 더 똑똑하고 지혜로와 그 독수리와 같은 첨예함에 조금이라도 도달할 수 있고 표현에 있어 유순하면 좋겠지만, 이해하기 어려운 말들만 널브러지게 나열한 건 아닌지 걱정이 되는 한 주간이었습니다.

언젠가 한 번, 묵시록의 단편을 두고 텍스트에 담긴 계시의 내용이 오늘날 무엇을 의미하는지 강론한 적이 있습니다.

몇 자 적다 보니, 표면만 쓱 훑고 지나는 해설일뿐 전혀 유익하지도 않고 이해도 불가한 말들로 신자들이 전혀 공감할 수 없는 전례가 된 기억이 납니다. 요한복음의 신학적 예리함이 그러할 진데, 묵시록은 오죽하겠습니까. 다만, 요한이 전한 하느님 사랑에 대한 메시지들은 전체적인 맥락 안에서 통 크게 바라볼 때라야 뭔가 조금은 잡히는 것 같습니다. 오늘 복음에서도 마찬가지입니다. 주님께서는 아버지로부터 나와 다시 아버지께 다시 돌아가는 지상에서의 마지막 사명을 말씀하시며, 그 이유를 바로 "아버지께서 사랑하시는 너희" 때문이라고 말씀하셨습니다. 묵시록 전체의 내용을 관통하고 마무리 짓는 말씀 역시 '그분은 시작이요 마침이며, 알파요 오메가라'는 진리, 그리고 '한 처음부터 계셨던, 그 말씀은 우리와 함께 사셨다.'라는 요한복음의 시작점과도 상통하는 메시지입니다. 이로써 그분은 바로 하느님께서 보내신 바로 '당신'이시며, 당신은 그 누구의 강요나 권유 없이 스스로 내려오셔서 당신이 사랑하는 많은 사람들을 위해 계시다가 그 사랑을 직접 전해주시고 앞으로도 전해주기 위해 다시 올라가셨다는 것을 믿음의 눈으로 발견할 수 있습니다. 요한복음 사가의 복음, 서간, 묵시록 전체가 바로 이 큰 맥락 안에 흘러갑니다.

물론, 이러한 저의 시각 역시 그 풍성한 다른 메시지를 매우 협소하게 만드는 주관적인 시각입니다. 사실 신학의 기초는 공부했지만, 다른 신학자들이 전문적으로 밝혀 놓은 서적은 손에 놓은 지 오래되었습니다. 그러므로 마르틴 루터가 말했듯이, "주님의 말씀을 굳건한 믿음으로 읽고 듣고 마음에 새기는 모든 이들이 '신학자'입니다. 또 그렇게 되길 바랍니다."

전문 교육과 지식이 아닌, 끊임없이 그분 말씀을 접하면서 삶을 통해 드러난 신학자들이 되고, 말씀 그 자체가 되길 바랍니다. 주님께서 우리 안에 잉태되어 이 시대에 다시 또 사람으로 육화되는 신비로운 구원의 여정이 우리 모두를 통해 계속되길 기도합니다.

성령 강림 대축일

"성령을 받으시오."
(요한 20,22)

　세상은 크고 화려한 것들에 열광합니다. 이슈라는 것 자체가 대부분 사회, 문화, 경제, 정치 분야에서 큰 사건과 커다란 파장을 일으키는 것들에 집중하는 탓입니다. 그러한 것들은 정보전달 차원에서, 우리 사회의 쟁점이 무엇인지를 전해 줄 수 있습니다만, 사실 우리에게는 소외된 이웃들을 향해 관심을 불러일으킬 소소하고 작은 이야기가 더 필요합니다. 자기 삶의 자리에서 작은 일에 충실하며 주어진 환경을 꿋꿋하게 살아가는 이 시대의 작은 사람들이 진짜로 세상을 아름답게 꾸며가고 있기 때문입니다. 세상은 크고 화려한 것들로만 이루어진 것이 아니라 작지만 충실한 것들의 공생 관계입니다. 그렇기에 누구든지 독불장군처럼 홀로 서서 세상에 큰 무언가가 되기보다는 겸손하게 작은 사람이 되어 함께 나아가려는 일치의 마음을 더 간직해야 하겠습니다. 그 마음은 조그마한 말 한마디에도 사랑과 배려를 보태기 때문에, 오늘 주님께서 전해주신 '평화'는 사실 우리의 혀끝에서 시작된다고 볼 수 있겠습니다.

오늘 성령강림 대축일을 맞이하여, 성령의 은사와 그분의 능력을 다시 숙고하며 이처럼, 작지만 하나가 되려는 굳센 마음과 말솜씨를 성령님께 청하고자 합니다. 우리는 세례성사 때에 죄를 용서하고 하느님을 아버지로 부르게 하는 성령의 은사를 받았습니다. 그리고 견진성사 안에서 그분의 일곱 가지 은사, 즉 지혜, 통찰, 의견, 지식, 굳셈, 효경, 두려움의 은사를 받았습니다. 이러한 성령의 '공식적인 활동'이 오늘 제1독서 말씀대로, 사도들이 모여 있던 오순절에 시작됩니다. 사실 성령의 활동은 예수님의 탄생 때부터 이미 지상에서 시작된 것입니다. 성모 마리아의 잉태는 성령으로 말미암은 것이었고, 주님께서 세례자 요한에게 세례를 받으셨을 때도 성령은 비둘기 모양으로 등장하셨습니다. 그러나 무엇보다 예수님의 공생활 내내 그분 말씀과 행동들에 권위와 힘을 실어주시며 줄곧, 그분과 함께 동행하셨습니다. 이러한 성령의 활동이 이제 "성령을 받아라" 하고 말씀하시는 주님의 말씀을 통해, 사도들의 뒤를 이어 우리 그리스도인들과 함께합니다. '성령의 공생활'이라 일컬어지는 교회의 복음 선포가 힘차게 출발합니다. 이 때

성령 강림 대축일

문에 전통적으로 성령강림 대축일을 가톨릭교회의 탄생일로 보고 있는 것입니다.

우리는 특별히 사도행전에서 성령강림의 모습을 '불꽃 모양의 혀들'과 같았다고 전하는 말씀에 귀를 기울여야 하겠습니다. 이 '불혀'를 가득 받은 이들은 제각기 다른 언어로 말을 하기 시작했다는 구절 또한 의미심장합니다. 불이란, 잘 아시다시피 어떤 물질을 변화시키는 힘을 지녔습니다. 성령의 불꽃 모양 이미지는 결국 그분의 활동이 지니신 변화의 힘을 상징합니다. 이 때문에 성령의 그 뜨거운 불에 닿은 인간은 자기 자신의 변화를 체험하게 되고, 그 체험을 다른 사람들과 나누고 싶어합니다. 또한 불이란, 그 본성상 합쳐지는 물질입니다. 가까이 있는 불은 제각각 타오르지 않고 한 덩어리가 되어 더 큰불로 주변을 태우기 때문에 '일치'의 상징이기도 합니다. 불꽃 모양의 혀란 결국, 타인을 기쁜 소식으로 끌어들여 그를 하느님의 자녀로 변화시키고, 하나의 공동체로 모을 수 있는 언어이자 행동을 표상하기에 '세상에 불을 지르고' 싶어 하셨던 주님은 우선 제자들에게 이 성령의 불을 놓으셨고, 불고 싶은 데로 부는 바람처럼 번지게 하시어, 제자들이 만나는 모든 사람의 마음을 뜨거운 열기로 가득 채우셨습니다. 이는 지금 여기 모여 있는 우리에게도 주어진 활동 능력입니다. 제2독서의 말씀대로, 세례를 통해 우리 모두 하나의 성령을 받아 마셨습니다. 마태오 복음이 전하는 열 처녀의 비유와 같이 '슬기의 등잔' 기름으로 이 불꽃을 활활 타오르게 할 수 있다면, 세상이 망상에 휩싸여 전하고 있는 거짓된 말들에 속지 않고 절망의 빛으로 꺼져가는 생명에도 활력을 줄 수 있을 것입니다.

"성령의 불이 꺼져가도록 방관하지 마십시오." 프란치스코 교황님의 권고처럼 '복음의 불을 지르고자 하는 말씀과 실천으로 준비'하여 세상에 진짜 '평화'가 무엇인지 알려줘야 하겠습니다. 성령의 불은 분열된 공동체를 하나로 모아주는 일치의 영으로 오셨기 때문에, 무턱댄 비방이나 비난의 화살을 서로에게 겨누지 않게 합니다. 오히려 서로 용서하고, 이해하며, 화해하기 위한 말을, 그리고 그것을 위한 구체적이면서 아주 사소하고 작은 행동들을 준비시켜줍니다.

아울러 오늘 복음이 우리에게 전하는 평화의 인사말을 기억하면 좋겠습니다. 사실 부활하신 주님께서 제자들에게 하셨던 첫 번째 평화의 인사 '샬롬!'은, 유다인들이 평상시에 하던 인사였습니다. 그러나 제자들이 부활하신 주님과 마주했을 때 평화의 인사는 좀 다른 의미를 지닙니다. 이 '샬롬' 안에는 더 깊은 차원의 의미를 드러내는 선물로써 죄와 허물을 서로 용서하고 용서받는 체험으로 '더욱 확실하게 주어지는 것'입니다. 어떤 공동체이건 갈등이 없다면, 건강하지 못한 공동체입니다. 마찬가지로 어떤 삶이고 분열과 갈등을 체험할 수 없는 삶은 없습니다. 우리가 오늘 성령의 불, 그리고 불꽃 모양의 혀를 기억하는 이유는 세상 이곳저곳에 갈등만을 조장하는 말의 무서운 힘을 강조하는 것이 아니라, 변화를 이끌어 진짜 '평화'를 선물해주는, 더 나아가 그것이 우리의 말 속에 담겨 다른 사람의 잘못과 무지를 용서하고 더 굳건한 일치를 이루기 위함입니다.

세상이 좋아하는 크고 화려한 것보다, 보이지 않지만 작고 단순한 것들에 더 마음을 써야 하겠습니다. 우리의 작지만 사랑스러운 말 한마디, 마음 씀씀이가 세상을 더 아름답게 한다는 사실은 다들 더 잘 아실 겁니다. 그렇게 성령께서는 세상 그늘진 곳에서 숨죽여 살아가는 가난한 이들에게 '오늘과 내일' 무엇이 필요한지를 물어보는 말과 함께, 조용히 내민 손길을 더 원하십니다. 세상에 사랑의 불을 놓는 '죄 없는 방화범'이 되길 바라십니다.

그 불길은 바람을 타고 나에게 다시 번져올 것입니다. 다만, 다른 사람의 마음을 분노의 불꽃으로 타오르게 하지 않도록 조심해야 하겠습니다. 분열과 비방이 아니라 언제나 화해와 일치를 위하여 혀끝을 성령의 부지깽이 삼아 여러분의 말과 행동 안에 항상 그 달달함이 녹아나기를, 이 은혜로운 시

성령 강림 대축일

기에 마음을 모아 기도합시다. 프란치스코 교황님의 다음 기도가 여러분 가슴에 고이 간직되길 바라며, 늘 성령의 은총과 도움을 청하는 데에 주저함이 없길 바랍니다.

"우리를 성령으로 충만케 하시어, 우리를 필요로 하는 형제자매들과 가까워지도록 하는 관용의 말을 사용하도록 해 주소서. 아멘."